일본어 독해력 완성 프로그램

다락원 일한 대역문고

고급 8

근대명작단편소설선

近代名作短編小說選

芥川龍之介・太宰治・有島武郎・夏目漱石 著 | 송현순 訳註

다락원

머리말

『다락원 일한 대역문고』 고급 시리즈는 일본어에 대한 체계가 잡혀 있는 중급 이상 수준의 학습자가 일본 문학작품을 통해서 일본어에 대한 이해를 높이는 것을 목표로 만들었습니다.

일본 국내외에서 완성도를 인정받은 일본 문학작품으로 일본어를 학습한다면 일본에 대한 지식도 쌓을 수 있어서 일본어 학습이 더욱 유익해질 것입니다.

일본어에 대한 감각이 일정 수준에 달하면 정확한 전달력뿐만 아니라 풍부한 표현력에 대한 요구도 강해집니다.

그런 점에서 현행 일본 고등학교 교과서에 실린 문학작품과 일본 문학계에서 천재성을 인정받은 여러 작가의 유명 작품들로 구성된 『다락원 일한 대역문고』 시리즈는 풍부한 일본어 표현력을 기르는 데 좋은 길잡이가 되어 줄 것입니다.

『다락원 일한 대역문고』 시리즈는 사전 없이 편리하게 학습할 수 있도록, 어휘 풀이는 물론 주요 문형에 대한 자세한 해설과 예문을 함께 실었습니다. 본문 해석은 직역(直譯)을 원칙으로 하되, 문학 작품임을 감안해 원문의 분위기를 흐리지 않는 범위 내에서 자연스러운 한국어 번역을 위해 의역(意譯)과 때로는 표현 가감을 선택했습니다. 『다락원 일한 대역문고』 고급 시리즈로 일본 문학작품을 읽는 재미는 물론 원어민의 정확한 발음으로 녹음된 오디오로 듣기 능력까지 함께 향상시키시기 바랍니다. 여러분의 일본어 학습에 도움이 되기를 바랍니다.

다락원 일한 대역문고 연구회

『다락원 일한 대역문고』 이렇게 보세요

立って行って、何でもないといまいましいから、気にかからないではなかったが、やはりちょっと聞耳を立てたまま知らぬ顔ですましていた。その晩寝たのは十二時過ぎであった。便所に行ったついで、気がかりだから、念のため一応縁側へ廻って見ると――

籠は箱の上から落ちている。そうして横に倒れている。水入れも餌壺も引っ繰返っている。粟は一面に縁側に散らばっている。留り木は抜け出している。文鳥はしのびやかに鳥籠の桟にかじりついていた。自分は明日から誓ってこの縁側に猫を入れまいと決心した。

翌日文鳥は鳴かなかった。粟を山盛り入れてやった。水を漲るほど入れてやった。文鳥は一本足のまま長らく留り木の上を動かなかった。午飯を食ってから、三重吉に手紙を書こうと思って、二三行書き出すと、文鳥がちちと鳴いた。自分

110

111

어휘 설명

자세한 해설과 함께, 본문에 히라가나로 쓰인 단어 중 한자와 함께 익혀 두면 좋은 어휘에는 한자 표기를 병기하고, 또 예문에 쓰인 단어 중 읽기가 어려운 단어에는 읽는법을 밝혔습니다.

사진 자료는 어휘 해설에 대한 빠르고 정확한 이해를 도와줍니다.

문형 해설

주요 문형의 뜻풀이와 접속을 예문과 함께 알기 쉽게 정리했습니다.

일러두기

일본어의 한국어 표기는 다음과 같습니다.

장음은 단음으로 표기했습니다. 예 大阪 — 오사카
발음 표기는 로마자 표기의 발음에 따랐습니다. 예 つかう (tsukau) — 츠카우
촉음은 'ㅅ'으로 표기했습니다.

문형 접속 해설에 쓰인 활용형의 설명은 다음과 같습니다.

ます형(연용형) — ます가 붙기 이전의 형태
ない형 — ない가 붙기 이전의 형태
て형 · た형 — 각각 て · た가 붙은 형태
な형용사な · 명사の — な형용사의 어간에 な가 붙은 형태, 명사에 の가 붙은 형태
동사 · い형용사 · な형용사의 기본형 — 동사 · い형용사는 사전에 실려 있는 형태, な형용사는 어간에 だ가 붙은 형태
보통형 — 기본형, 부정형, 과거형, 과거부정형

오디오 CD

원어민 성우의 정확한 내레이션으로 듣는 즐거움도 쌓으세요.

목차

근대명작단편소설선

近代名作短編小說選

작가 소개

芥川龍之介(あくたがわ りゅうのすけ, 1892~1927)

東京(とうきょう)에서 태어난 芥川는 어머니의 정신이상 발병으로 외삼촌의 양자로 자랐다. 芥川는 외가의 성이다. 東京帝国大学(とうきょうていこくだいがく) 영문학과 재학 중인 1914년 菊池寛(きくち かん)(1888~1948), 久米正雄(くめまさお)(1891~1952) 등과 함께 동인지 『新思潮(しんしちょう)』를 창간하고, 10월에 첫 작품인 「老年(ろうねん)」을 발표하면서 작가활동의 기반을 마련했다. 그리고 1916年 『新思潮』에 게재한 「鼻(はな)」가 夏目漱石(なつめ そうせき)(1867~1916)에게 극찬을 받으며, 당시 쇠퇴하기 시작하던 자연주의 문학을 대신하여, 격조 높은 문체, 해박한 교양, 날카로운 감성, 다양한 소재로 문단의 희망으로 떠오른다.

대단한 독서가였던 芥川는 동서고금의 철학, 문학서를 탐독했는데, 작품 소재를 서적에서 구하고 있는 것도 이 때문이다. 도시인의 문학, 서재인의 문학이 그의 문학의 특색으로, 이것이 그의 문학의 약점이자 매력이기도 하다. 芥川는 1927년 7월 24일 「続西方の人(ぞくさいほう ひと)」를 완성한 후 치사량의 수면제를 먹고 스스로 생을 마감했는데, 그의 문학적 동료이자 친구인 菊池寛이 「芥川龍之介賞(しょう)」를 제정해 현재까지 권위 높은 문학상으로 이어져 오고 있다.

작품 소개

父

1916년 잡지 『新思潮』에 실린 단편소설로, 芥川가 중학교 수학여행 때 실제로 경험했던 일을 소재로 해서 쓴 작품이다.

수학여행을 떠나는 날 아침, 대합실에 모여 있던 주인공과 친구들은 대합실에 드나드는 사람들의 인물평을 하기 시작한다. 그때 친구 한 명이 초라한 노인을 발견하고는 能勢(のせ)라는 친구에게 신랄한 인물평을 부탁하는데, 能勢는 서슴없이 그 노인을 '런던 거지'라고 놀린다. 하지만 그 초라한 노인은 다름 아닌 能勢의 아버지였다. 能勢는 그 사실을 숨긴 채 '런던 거지'라고 조소한 것이다.

이 '런던 거지'라는 평가가 당시 일본의 형식적이고 봉건적인 도덕관념에서 '효'인지 '불효'인지 정확하게 해석해 내기는 어렵다. 그러나 적어도 '효'라고 해석하기는 어려울 것이다. 초라한 아버지를 부끄러워하는 소년의 솔직한 마음이 순간적으로 '런던 거지'라는 표현으로 표출되었을 것이기 때문이다. 오히려 내면의 진실을 절대적으로 생각했다는 점에서는 당시의 봉건적인 도덕관념을 비판한 것으로도 볼 수 있다.

父

ちち

芥川龍之介

あくたがわりゅうのすけ

自分が中学の四年生だった時の話である。

その年の秋、日光から足尾へかけて、三泊の修学旅行があった。「午前六時三十分上野停車場前集合、同五十分発車……」こういう箇条が、学校から渡す謄写版の刷物に書いてある。

□～である ~이다 〈～だ의 문어체 표현〉 □日光 栃木(とちぎ)현 북서부에 위치한 유명한 관광도시 □～から～へかけて ~부터 ~에 걸쳐서 〈주로 기간이나 구역을 나타냄〉 □足尾 栃木현에 위치한 광산도시로 구리 산지로도 유명하다 □三泊 3박 〈뒤에 四日가 생략되었음〉 □停車場 정거장 □箇条 조항, 항목 □謄写版 등사본 □刷物 인쇄물

当日(とうじつ)になると自分は、ろくに朝飯(あさめし)も食(く)わずに家をとび出した。電車でゆけば停車場まで二十分とはかからない。——そう思いながらも、何となく心がせく。停車場の赤い柱(はしら)の前に立って、電車を待っているうちも、気が気でない。

あいにく、空は曇(くも)っている。方々(ほうぼう)の工場で鳴(な)らす汽笛(きてき)の音(ね)が、鼠色(ねずみいろ)の水蒸気(すいじょうき)をふるわせたら、それが皆霧雨(みなきりさめ)になって、降って来はしないかとも思われる。その退屈(たいくつ)な空の下で、高架鉄道(こうかてつどう)を汽車(きしゃ)が通る。被服廠(ひふくしょう)*へ通う荷馬車(にばしゃ)が通る。店の戸が一つずつ開(あ)く。自分のいる停車場にも、もう二三人(にさんにん)、人が立った。それが皆、眠(ね)の足(た)りなそうな顔(かお)を、陰気(いんき)らしく片(かた)づけている。寒い。——そこへ割引(わりびき)の電車が来た。

■ろくに (뒤에 부정어가 와서) 제대로, 변변히 〈ろくに調べもしないで質問している 제대로 조사하지도 않고 질문한다〉 □食う 먹다 ■~ずに (동사 ない형에 연결되는데, 단 する는 せず, 来る는 こず가 됨) ~지 않고 〈わきめもふらずに仕事をしている 한눈도 팔지 않고 일을 한다〉 □とび出す 뛰어나오다, 뛰쳐나가다 □~ながら(も) ~하면서도 〈역접을 나타냄〉 □何となく 왠지, 어쩐지 □せく 조급히 굴다, 서두르다 〈心がせく 마음이 급하다〉 □柱 기둥 ■~うち(に) (동사 기본형·ている형, い형용사 기본형, な형용사な, 명사の에 붙어) ~(하는) 사이에, ~동안에 〈冷めないうちにお召(め)し上(あ)がりください 식기 전에 드세요〉 □気が気でない (걱정이 되어) 마음을 놓지 못하다, 안절부절 못하다 □あいにく 공교롭게도 □曇る (날씨가) 흐리다 □方々 여기저기 □汽笛の音 기적 소리 □水蒸気 수증기 □ふるわせる 떨게 하다, 진동시키다 □霧雨 이슬비 □退屈 지루함, 따분함 □荷馬車 짐마차 □足りない 부족하다, 모자르다 □陰気 음침함, 음울함, 침울함 □片づける 얌전 빼다, 천연덕스럽다 〈원래는 정돈하다는 뜻이지만, 여기서는 얼굴 표정을 나타내는 데 빗대어 씀〉 □割引の電車 할인 전철 〈운행 시작 후 한 시간 동안 운임을 할인해 주는 전철〉

* 被服廠(피복창) 군복 · 군화 · 외투 · 속옷 등, 군의 피복 일체를 조달 · 제조 · 보관하던 시설.

こみ合(あ)っている中を、やっと吊皮(つりかわ)にぶらさがると、誰か後ろから、自分の肩(かた)をたたく者(もの)がある。自分は慌(あわ)ててふり向(む)いた。

「お早(はよ)う。」

見ると、能勢五十雄(のせいそお)であった。やはり、自分のように、紺(こん)のヘル*の制服(せいふく)を着て、外套(がいとう)を巻(ま)いて左の肩からかけて、麻(あさ)のゲエトルをはいて、腰(こし)に弁当(べんとう)の包(つつ)みやら水筒(すいとう)やらをぶらさげている。

能勢は、自分と同じ小学校を出て、同じ中学校へはいった男である。これと言って、得意(とくい)な学科(がっか)もなかったが、その代(かわ)りに、これと言って、不得意(ふとくい)なものもない。その癖(くせ)、ちょいとした事には、器用(きよう)な性質(たち)で、流行歌(はやりうた)と言うようなものは、

□こみ合う 북적거리다, 붐비다 □やっと 겨우, 간신히 □吊皮 (버스나 전철 등의) 손잡이 □ぶらさがる 매달리다 □たたく 치다, 두드리다 □慌てる 당황하다, 허둥거리다, 몹시 서두르다 □ふり向く 뒤돌아보다 □紺 감색 □外套 외투 □巻く 두르다, 감다 □麻 삼베 □ゲエトル(guêres) 행전 =ゲートル □弁当 도시락 □包み 보따리, 꾸러미 □やら ~랑, ~와 □水筒 물통 □ぶらさげる 늘어뜨리다, 매달다, 손에 들다 □これと言って 이렇다 하게, 이렇다 할 □得意 자신이 있음, 숙달되어 있음 □その代りに 그대신에 □その癖 그러면서도, 그런데도, 그럼에도 불구하고 □ちょいとした 사소한, 하찮은 □器用 손재주가 있음, 솜씨가 좋음

* ヘル モヘア(mohair)의 준말로, 앙고라의 가는 털 또는 그 털로 짠 고급 직물

一度聞くと、すぐに節(ふし)を覚(おぼ)えてしまう。そうして、修学旅行(しゅうがくりょこう)で宿屋(やどや)へでも泊(とま)る晩(ばん)なぞには、それを得意になって披露(ひろう)する。詩吟(しぎん)、薩摩琵琶(さつまびわ)*、落語(らくご)、講談(こうだん)、声色(こわいろ)、手品(てじな)、何でも出来(でき)た。その上(うえ)また、身(み)ぶりとか、顔つきとかで、人を笑(わら)わせるのに独特(どくとく)な妙(みょう)を得(え)ている。従(したが)ってクラスの気(き)うけも、教員間(きょういんかん)の評判(ひょうばん)も悪くはない。もっとも自分とは、互(かたみ)に行(ゆ)き来(き)はしていながら、さして親(した)しいと言う間柄(あいだがら)でもなかった。

「早いね、君も。」

「僕(ぼく)はいつも早いさ。」能勢はこう言いながら、ちょいと小鼻(こばな)をうごめかした。

□**節** 음악의 선율, 가락 □**宿屋** 숙소, 여관, 여인숙 □**泊る** 묵다, 머물다 □**～なぞ** ~따위, ~등 =～など □**得意になる** 우쭐거리다, 자랑스러워하다 □**披露する** 피로하다, 펼치다 □**詩吟** 시 낭송 □**落語** 만담 □**講談** 군담 · 무용담 · 복수담 등에 가락을 붙여 읊는 예능 중 하나, 야담 □**声色** 성대모사 □**手品** 마술, 속임수 □**その上** 게다가, 더구나 □**身ぶり** 몸짓, 몸놀림 □**顔つき** 얼굴 표정 □**妙** 묘, 오묘함, 절묘함 □**従って** 따라서 □**気うけ** 남에게 주는 좋고 나쁜 느낌, 평가 □**評判** 평판 □**もっとも** 다만, 그렇지만 □**互に** 서로 ■**さして～ない** 그다지(별로) ~않다 〈彼の話はさしておもしろくなかった 그의 이야기는 별로 재미없었다〉 □**間柄** 사이, 관계 □**ちょいと** 잠깐, 조금 □**小鼻をうごめかす** 우쭐거리다, 의기양양한 모습을 보이다, 콧방울을 실룩거리다

* **薩摩琵琶** 室町(むろまち)시대 말기에 薩摩(さつま)에서 만들어진 비파, 또는 그 비파 연주를 반주로 하여 이야기에 가락을 붙여서 읊는 음악을 말한다.

「でもこの間(あいだ)は遅刻(ちこく)したぜ。」

「この間？」

「国語(こくご)の時間(じかん)にさ。」

「ああ、馬場(ばば)に叱(しか)られた時か。あいつは弘法(こうぼう)にも筆(ふで)のあやまり*さ。」 能勢は、教員の名前(なまえ)をよびすてにする癖(くせ)があった。

「あの先生には、僕も叱られた。」

「遅刻で？」

「いいえ、本を忘(わす)れて。」

「仁丹(じんたん)は、いやにやかましいからな。」「仁丹」と言うのは、能勢が馬場教諭(きょうゆ)につけた渾名(あだな)である。——こんな話をしているうちに、停車場前へ来た。

□よびすて(呼び捨て)にする 경칭을 붙이지 않고 이름만 부르다 □癖 버릇, 습관 □いやに 몹시, 무척, 매우 □やかましい 시끄럽다, 떠들썩하다, 성가시다, 잔소리가 심하다, 까다롭다 □教諭 (유치원·초·중·고의) 정교사 □渾名 별명

* **弘法にも筆のあやまり** '원숭이도 나무에서 떨어질 때가 있다'와 같은 말. 弘法는 일본 3대 서도가 중의 한 사람으로 平安(へいあん) 시대 초기의 승려인 空海(くうかい)의 시호이다.

乗った時と同じように、こみあっている中をやっと電車から下(お)りて停車場へはいると、時刻(じこく)が早いので、まだクラスの連中(れんちゅう)は二三人しか集(たか)っていない。互に「お早う」の挨拶(あいさつ)を交換(こうかん)する。先(さき)を争(あらそ)って、待合室(まちあいしつ)の木のベンチに、腰をかける。それから、いつものように、勢(いきおい)よくしゃべり出した。皆「僕」と言う代(かわ)りに、「おれ」と言うのを得意にする年輩(ねんぱい)である。その自(みずか)ら「おれ」と称(しょう)する連中の口から、旅行の予想(よそう)、生徒同志(せいとどうし)の品隲(ひんしつ)、教員の悪評(あくひょう)などが盛(さか)んに出た。

「泉(いずみ)はちゃくいぜ。あいつは教員用(きょういんよう)のチョイス*を持っているもんだから、一度も下読(したよ)みなんぞした事はないんだとさ。」

「平野(ひらの)はもっとちゃくいぜ。あいつは試験(しけん)の時と言うと、歴史(れきし)の年代(ねんだい)をみな爪(つめ)へ書いて行くんだって。」

□連中 한 패, 무리 □集る 모여들다 □先を争う 앞을 다투다, 경쟁하다 □待合室 대합실 □腰をかける 걸터앉다 □勢 기세, 힘, 활기 □しゃべり出す 떠들어대다 □~代りに (동사 보통형, 명사の에 붙어) ~대신에 □年輩 연배, 나이 □自ら 스스로 □~と称する ~라고 칭하다 □~同志 ~끼리 □品隲 품평, 평가 □盛んに 자주, 빈번하게, 뻔질나게 □ちゃくい 교활하다, 간사하다 =ずるい □~もんだから (원인 · 이유를 나타냄) ~이니까, ~때문에 =~ものだから □下読み 미리 읽어 둠, 예습 □~なんぞ ~따위, ~등, ~같은 것 □~だと ~라고 한다, ~란다 □爪 손톱 □~って ~래〈듣거나 알게 된 사실을 전할 때 씀〉

* チョイス 당시 사용되던 영어 교과서『New century choice readers』의 준말이다.

「そう言えば先生だってちゃくいからな。」

「ちゃくいとも。本間(ほんま)なんぞは receive の i と e と、どっちが先へ来るんだか、それさえろくに知(し)らない癖に、教師用でいい加減(かげん)にごまかしごまかし、教(おし)えているじゃあないか。」

どこまでも、ちゃくいで持ちきるばかりで一つも、ろくな噂(うわさ)は出ない。すると、そのうちに能勢が、自分の隣(となり)のベンチに腰をかけて、新聞(しんぶん)を読(よ)んでいた、職人(しょくにん)らしい男の靴(くつ)を、パッキンレイだと批評(ひひょう)した。これは当時(とうじ)、マッキンレイと言う新形(しんがた)の靴が流行(はや)ったのに、この男の靴は、一体(いったい)に光沢(つや)を失(うしな)って、その上先の方がぱっくり口を開(あ)いていたからである。

「パッキンレイはよかった。」こう言って、皆一時(いちどき)に、失笑(しっしょう)した。

□～だって (명사에 연결되어) ~역시, ~또한 □～とも ~고말고 〈상대의 말에 동조할 때 씀〉 □～さえ ~조차, ~마저 □いい加減に 적당히, 대강, 어지간한 선에서 □ごまかす 속이다 □持ちきる (같은 상태를) 끝까지 유지하다, 같은 화제로 시종일관하다 □～ばかりで ~할 뿐으로 □ろくな 변변한, 제대로 된 □噂 소문 □そのうちに 그러는 사이에 □職人 기술자, 장인 □批評する 비평하다 □新形 신형 □流行る 유행하다 □一体に 대체로, 전반적으로 □光沢 광택, 번쩍거림 □失う 잃다, 상실하다 □ぱっくり 틈 등이 크게 벌어지는 모양, 빠끔히 □口を開く 입을 벌리다 □一時に 한꺼번에, 동시에 □失笑する 실소하다

それから、自分たちは、いい気になって、この待合室に出入(しゅつにゅう)するいろいろな人間(にんげん)を物色(ぶっしょく)しはじめた。そうして一々(いちいち)、それに、東京(とうきょう)の中学生でなければ言えないような、生意気(なまいき)な悪口(わるくち)を加(くわ)え出(だ)した。そう言う事にかけて、ひけをとるような、おとなしい生徒は、自分たちの中に一人もいない。中でも能勢の形容(けいよう)が、一番辛辣(いちばんしんらつ)で、かつ一番諧謔(かいぎゃく)に富(と)んでいた。

「能勢、能勢、あのお上(かみ)さんを見ろよ。」

「あいつは河豚(ふぐ)が孕(はら)んだような顔をしているぜ。」

「こっちの赤帽(あかぼう)*も、何かに似(に)ているぜ。ねえ能勢。」

「あいつはカロロ五世(ごせい)*さ。」

□いい気になる 혼자 좋아하다, 우쭐해지다 □物色する 물색하다, 찾다 □生意気 건방짐, 주제넘음 □悪口 욕, 험담 〈悪口を言う 욕(험담)을 하다〉 □加える 가하다, 더하다 〈~出す (동사 ます형에 붙어) ~하기 시작하다〉 □~にかけて (명사에 붙어) ~에 있어서, ~에 관계해서 □ひけをとる 지다, 뒤지다, 뒤떨어지다 □形容 형용, 모양 □辛辣 신랄(함) □かつ 또한, 그 위에, 게다가 □諧謔に富む 해학이 풍부하다, 해학이 넘치다 □お上さん (상점 등의) 안주인, 남의 부인에 대한 경칭, 마누라 □河豚 복어 □孕む 임신하다, 잉태하다 □~顔をする ~표정을 짓다, 기색을 보이다

* **赤帽** 여기서는 '짐꾼'이란 뜻으로 쓰였다. 당시 역이나 정거장 등에서 승객들의 짐을 운반하던 사람들이 빨간 모자를 썼던 것에서 유래한다.
* **カロロ五世**(1500~1558) 신성로마제국의 황제 카를5세(1516~1556 재위). 중세에서 근세로 넘어가는 과도기의 혼란한 유럽을 전제적 태도로 통치해 가톨릭 제후들의 반감을 사, 결국 면제부 판매에 반박하며 교황의 권위에 맞선 루터주의의 정치적 권리를 승인하였다. =カール５世

しまいには、能勢が一人で、悪口を言う役目(やくめ)をひきうけるような事になった。

すると、その時、自分たちの一人は、時間表(じかんひょう)の前に立って、細(こまか)い数字(すうじ)をしらべている妙な男を発見(はっけん)した。その男は羊羹色(ようかんいろ)の背広(せびろ)を着(き)て、体操(たいそう)に使う球竿(きゅうかん)のような細(ほそ)い脚(あし)を、鼠の粗(あら)い縞(しま)のズボンに通している。縁(ふち)の広い昔風(むかしふう)の黒(くろ)い中折(なかお)れの下から、半白(はんぱく)の毛(け)がはみ出している所を見ると、もうかなりな年配(ねんぱい)らしい。その癖首(くせくび)のまわりには、白(しろ)と黒(くろ)と格子縞(こうしじま)の派手(はで)なハンケチをまきつけて、鞭(むち)かと思うような、寒竹(かんちく)の長い杖(つえ)をちょいと脇(わき)の下へはさんでいる。服装(ふくそう)と言い、態度(たいど)と言い、

□**しまいには** 결국에는, 마침내는 □**役目** 역할, 임무 □**ひきうける** 책임 지고 떠맡다, 담당하다, 보증하다 □**しらべる** 조사하다, 찾다 □**妙** 이상함, 별남 □**羊羹色** 양갱색, 검정이나 보라빛 옷의 색이 바래어 붉은빛을 띠는 색 □**体操** 체조 □**球竿** 구간 〈체조에 사용하는 길이 1.5m 가량의 가는 봉으로 양쪽 끝이 작은 공 모양으로 되어 있음〉 □**粗い** 조잡하다, 엉성하다

□**縞** 줄무늬 □**縁** 테두리 □**昔風** 고풍, 예스러운 모양 □**中折れ** 중절모자 〈中折れ帽(ぼう)의 준말〉 □**はみ出す** 비어져 나오다, 불거져 나오다, 초과하다 □**かなりな** 상당한 □**年配** 연배, 나이 =年輩 □**格子縞** 격자무늬, 체크무늬 □**ハンケチ** 손수건 〈ハンカチ의 옛말〉 □**まきつける**(巻きつける) 둘러서 감다, 휘감다 □**鞭** 채찍, 회초리, 매 □**寒竹** 한죽 〈높이 2~3m, 직경 1cm 정도로, 마디 사이가 보라색을 띰〉 □**杖** 지팡이 □**脇の下** 겨드랑이 □**はさむ** 끼우다, 사이에 두다, 끼다 □**服装** 복장 □**～と言い～と言い** (명사에 붙어 그 외에도 다른 것이 있음을 나타냄) ~며 ~며 □**態度** 태도

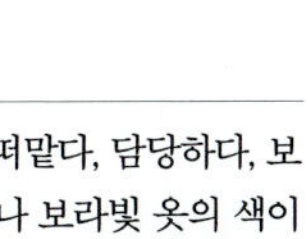

すべてが、パンチ*の挿絵(さしえ)を切抜(きりぬ)いて、そのままそれを、この停車場の人ごみの中へ、立たせたとしか思われない。——自分たちの一人は、また新しく悪口の材料(ざいりょう)が出来たのをよろこぶように、肩でおかしそうに笑いながら、能勢の手をひっぱって、

「おい、あいつはどうだい。」とこう言った。

そこで、自分たちは、皆その妙な男を見た。男は少し反(そ)り身(み)になりながら、チョッキのポケットから、紫(むらさき)の打紐(うちひも)のついた大きなニッケルの懐中時計(かいちゅうどけい)を出して、丹念(たんねん)にそれと時間表の数字とを見くらべている。横顔(よこがお)だけ見て、自分はすぐに、それが能勢の父親(ちちおや)だと言う事を知った。

□**挿絵** 삽화, 그림 □**切抜く** 오려내다, 도려내다 □**人ごみ** 인파 □**よろこぶ** 기뻐하다 □**肩で笑う** 어깨를 들썩이며 웃다 □**ひっぱる** 끌어당기다, 잡아당기다 □**〜だい** ~야?, ~어? 〈문장 끝에 붙어 의문을 나타냄, い는 의문을 강조하는 종조사〉 □**反り身になる** 몸을 뒤로 젖히다 □**チョッキ** 조끼 □**打紐** 여러 가닥을 꼬아서 만든 끈 □**ニッケル** 니켈 □**懐中時計** 회중시계 □**丹念に** 정성을 들여, 세심하게 공을 들여 □**見くらべる** 비교해 보다, 견주어 보다 □**横顔** 옆얼굴

* **パンチ**(1862~1887) 영국에서 창간된 풍자 잡지로, 일본에는 1862년『ジャパン・パンチ』라는 이름으로 발간되었다. 이 잡지에 게재된 만화를 ポンチ絵(풍자적이고 해학적인 그림, 만화)라고 불렀다.

　しかし、そこにいた自分たちの連中には、一人もそれを知っている者がない。だから皆、能勢の口から、この滑稽(こっけい)な人物(じんぶつ)を、適当(てきとう)に形容(けいよう)する語(ことば)を聞こうとして、聞いた後の笑いを用意(ようい)しながら、面白(おもしろ)そうに能勢の顔をながめていた。中学の四年生には、その時の能勢の心もちを推測(すいそく)する明(めい)がない。自分は危(あや)うく「あれは能勢のファーザーだぜ。」と言おうとした。

　するとその時、

　「あいつかい。あいつはロンドン乞食(こじき)さ。」

　こう言う能勢の声がした。皆が一時にふき出したのは、言うまでもない。中にはわざわざ反り身になって、懐中時計を出しながら、能勢の父親のスタイルを真似(まね)て見る者さえある。

□滑稽 해학, 익살, 우스꽝스러움　□適当に 적당하게　□用意する 준비하다　□ながめる 멀리 건너다보다, 바라보다, 눈여겨보다, 응시하다　□心もち 기분, 심정　□推測する 추측하다　□明がない 지혜가 없다, 통찰력이 없다　□危く 하마터면, 까딱하면, 자칫하면　□～かい ~냐?, ~니?　□乞食 거지　□声がする 소리가 나다　□ふき出す 웃음을 터뜨리다　■～までもない (동사 기본형에 붙어) ~할 필요도 없다 〈使い方についてはマニュアルを読めば済むので説明するまでもない 사용법에 대해서는 매뉴얼을 읽으면 되므로 설명할 필요도 없다〉　□わざわざ 일부러, 고의로, 특별히　□真似る 흉내 내다

自分は、思わず下を向いた。その時の能勢の顔を見るだけの勇気(ゆうき)が、自分には欠(か)けていたからである。

「そいつは適評(てきひょう)だな。」

「見ろ。見ろ。あの帽子(ぼうし)を。」

「日(ひ)かげ町(ちょう)*か。」

「日かげ町にだってあるものか。」

「じゃあ博物館(はくぶつかん)だ。」

皆がまた、面白そうに笑った。

曇天(どんてん)の停車場は、日(ひ)の暮(くれ)のようにうす暗い。自分は、そのうす暗い中で、そっとそのロンドン乞食の方をすかして見た。

□思わず 엉겁결에, 나도 모르게 □下を向く 아래를 보다, 고개를 숙이다 □～だけの ~만큼의, ~까지의, ~정도의 □勇気 용기 □欠ける 부족하다, 모자라다, 결여되다 □適評 적절한 평, 딱 맞는 평 ■～ものか (동사・い형용사 기본형, な형용사な에 붙어 강한 부정을 나타냄) ~할 성 싶으냐?, ~할 법 같으냐? 〈お前の言うことなんか聞くもんか 네 말 같은 거 들을 성 싶으냐?〉 □曇天 흐린 하늘, 흐린 날씨 □日の暮 해질녘, 저녁때 □うす暗い 어둑하다, 어스레하다, 침침하다 □そっと 살짝, 살그머니, 조용히, 가만히, 몰래 □すかして見る 어둠이나 안개 등에 가려 보기 어려운 것을 집중해서 바라보다, 틈새로 보다 〈すかす 물건 사이로 저쪽 것을 보다〉

* 日かげ町 현재 東京 港区(みなとく) 新橋(しんばし) 2~3丁目(ちょうめ)에 해당하는 곳으로, 당시 헌 옷을 파는 가게가 많았다고 한다.

　すると、いつの間にか、うす日がさし始めたと見えて、幅の狭い光の帯が高い天井の明り取りから、ぼうと斜めにさしている。能勢の父親は、ちょうどその光の帯の中にいた。──周囲では、すべての物が動いている。目のとどく所でも、とどかない所でも動いている。そうしてまたその運動が、声とも音ともつかないものになって、この大きな建物の中を霧のように覆っている。しかし能勢の父親だけは動かない。この現代と縁のない洋服を着た、この現代と縁のない老人は、めまぐるしく動く人間の洪水の中に、これもやはり現代を超越した、黒の中折れをあみだにかぶって、紫の打紐のついた懐中時計を右の 掌 の上にのせながら、依然としてポンプのごとく時間表の前に佇立しているのである……

□いつの間にか 어느샌가, 어느새　□うす日 엷은 햇살　□さす(差す) (해가) 비치다　□～と見える ~처럼 보이다, ~처럼 느껴지다, ~인 모양이다　□幅 폭　□帯 허리에 두르는 띠, 또는 띠 모양의 것　□天井 천장　□明り取り 채광을 위해 설치한 창문, 들창　□ぼうと 희미하게, 멍하니　□斜めに 비스듬히, 경사지게　□とどく 닿다, 이르다, 미치다　■～とも～ともつかない ~도 ~도 아니다, ~지 ~지 분간이 가지 않는다 〈本気とも冗談ともつかない 진심인지 농담인지 분간이 가지 않는다〉　□覆う 뒤덮다　□縁 연, 인연, 연관　□めまぐるしい (움직임이 빨라서) 눈이 어지럽다, 눈앞이 어질어질하다　□洪水 홍수　□超越する 초월하다　□あみだにかぶる 뒤로 젖혀 쓰다　□掌 손바닥　□依然として 여전히, 전과 다름없이, 의연히　□ポンプ 펌프　■～のごとく ~와 같이 〈毎日が矢(や)のごとく過ぎていく 매일 매일이 화살처럼 지나간다〉　□佇立する 잠시 멈추어 서다

あとで、それとなく聞くと、その頃(ころ)大学の薬局(やっきょく)に通っていた能勢の父親は、能勢が自分たちと一緒に修学旅行に行く所を、出勤(しゅっきん)の途(みち)すがら見ようと思って、自分の子には知らせずに、わざわざ停車場へ来たのだそうである。

能勢五十雄は、中学を卒業(そつぎょう)すると間(ま)もなく、肺結核(はいけっかく)にかかって、物故(ぶっこ)した。その追悼式(ついとうしき)を、中学の図書室(としょしつ)で挙(あ)げた時、制帽(せいぼう)をかぶった能勢の写真(しゃしん)の前で悼辞(とうじ)を読んだのは、自分である。「君、父母(ふぼ)に孝(こう)に、」——自分はその悼辞の中に、こう言う句(く)を入れた。

(大正(たいしょう)五年三月)

□**それとなく** 넌지시, 슬며시 □**途すがら** 가는 도중에, 길을 가면서 □**間もなく** 머지않아, 얼마 안 되어, 곧 □**肺結核にかかる** 폐결핵에 걸리다 □**物故する** 죽다, 사망하다, 고인이 되다 □**追悼式** 추도식 □**挙げる** (식 등을) 올리다 □**制帽** 학교 모자, 교모 □**悼辞** 추도사, 애도사, 조사 □**句を入れる** 구(절)를 넣다

작품 소개

太宰治(だざい おさむ, 1909~1948)

본명은 津島修治(つしまじゅうじ)로, 青森(あおもり)현 津軽(つがる) 굴지의 대지주의 아들로 태어났다.

1928년 당시 유행하던 프롤레타리아 문학에 영향을 받아 동인지 『細胞文芸(さいぼうぶんげい)』를 발행하기도 하였으나, 1929년 자신의 사회적 출신 계급과의 괴리에서 오는 고민으로 자살 미수를 일으키기도 했다. 1930년 프랑스 문학을 동경하여 東京帝国大学(とうきょうていこくだいがく) 불문학과에 입학하지만, 당시 비합법운동에 빠져 유급을 반복하던 끝에 제적되었다. 1935년 처음으로 동인지 이외의 문예지인 『文藝(ぶんげい)』에 「逆行(ぎゃっこう)」를 발표하여 이 작품이 제1회 芥川賞(あくたがわしょう)에 입후보되지만, 차석으로 수상하지는 못했다.

1936년 첫 창작집인 『晩年(まんねん)』을 간행한 이후 「走(はし)れメロス(1940년)」「斜陽(しゃよう)(1947년)」「人間失格(にんげんしっかく)(1948년)」 등 많은 걸작을 발표하였으나, 1948년 山崎富栄(やまざきとみえ)(1917~1948)와 함께 玉川上水(たまがわじょうすい)(용수로)에 몸을 던져 스스로 생을 마감했다. 두 사람의 시신이 발견된 날은 공교롭게도 太宰의 생일인 6월 19일로, 太宰의 묘가 있는 三鷹(みたか)의 禅林寺(ぜんりんじ)에서는 이 날을 桜桃忌(おうとうき)라고 하여 그를 기리고 있다.

작품 소개

桜桃

1948년 잡지 『世界』에 실린 단편소설로, 첫머리는 시편의 구절을 인용하는 것으로 시작된다. 생략되었지만 이어지는 구절 '내 구원은 어디서 올꼬'에서도 알 수 있듯이, 현재 자신이 처한 고난들에 대한 응답을 절대자로부터 듣고자 한다.

'앵도'는 일본어로 'オウトウ'인데, 또 다른 동음이의어가 대응된다는 것이 중요하다. '응답'이라는 한자어도 'オウトウ'라고 읽는다. 즉 화자가 신에 대해 토로한 요청에 '응답'을 기다린다는 수사법에서 나온 제목으로도 볼 수 있는 것이다.

소설 속 '나'의 현실 배반적인 행위에 그저 불쾌함을 느끼거나 화를 내는 독자는 소설가가 1차적으로 의도한 당연한 독서를 행한 독자이다. 소설의 '독'은 바로 그것인데, 그러한 독은 조만간 2차적으로 독자를 '나'의 반대편 위상, 환언하자면 '가정' 등에서 충실히 역할 연기를 해야겠다는 교훈으로 이끌 것이다. 그렇다면 변증법적인 3차적 독서는 무엇인가? 아마도 '가정'에 대한 여러 모델들을 세워 보고 실험하는 독자가 아닐까? 어찌됐건 독자는 지금 일본에 근대소설이 생긴 이래 두 번째로 많이 팔린 소설가의 걸작 단편 중 하나를 읽는 셈이다.

桜桃

おう とう

太宰 治

だ ざいおさむ

われ、山にむかいて、目を挙ぐ。

—詩篇、第百二十一。

子供より親が大事、と思いたい。子供のために、などと古風な道学者みたいな事を殊勝らしく考えてみても、何、子供よりも、その親のほうが弱いのだ。少くとも、私の家庭においては、そうである。まさか、自分が老人になってから、子供に助けられ、世話になろうなどという図々しい虫のよい下心は、まったく持ち合わせてはいないけれども、この親は、

□桜桃 앵도 □われ(我) 나, 너, 자네 □～にむかいて ~을 향하여 〈～に向っての 고어 표기〉 □目を挙ぐ 눈을 들다 □詩篇 구약 성서의 시편 □道学者 도학자 □殊勝 기특함, 갸륵함 ■～においては (명사 뒤에 붙어, 장소 · 시간 · 상황 등을 나타냄) ~에서는, ~에 관해서는 〈実績(じっせき)においては目標(もくひょう)を達成(たっせい)している 실적에 있어서는 목표를 달성했다〉 □まさか 설마, 아무리 그렇다 하더라도, 만일 □図々しい 뻔뻔하다, 교활하다 □虫がよい 뻔뻔스럽다, 염치없다, 제멋대로이다 □下心 속마음, 계략, 음모 □まったく～ない 전혀 ~않다, 도무지 ~않다 □持ち合わせる 마침 가지고 있다

その家庭において、常に子供たちのご機嫌ばかり伺っている。子供、といっても、私のところの子供たちは、皆まだひどく幼い。長女は七歳、長男は四歳、次女は一歳である。それでも、既にそれぞれ、両親を圧倒し掛けている。父と母は、さながら子供たちの下男下女の趣きを呈しているのである。

夏、家族全部三畳間に集まり、大にぎやか、大混乱の夕食をしたため、父はタオルでやたらに顔の汗を拭き、

「めし食って大汗かくもげびた事、と柳多留*にあったけれども、どうも、こんなに子供たちがうるさくては、いかにお上品なお父さんといえども、汗が流れる」

と、ひとりぶつぶつ不平を言い出す。

□常に 늘, 항상 □機嫌 기분, 심기, 비위 〈機嫌を伺う 기분을 살피다〉 □幼い 어리다 □既に 이미, 벌써 □圧倒し掛ける 압도하려 하다 〈掛ける (동사 ます형에 붙어) ~하기 시작하다, 도중까지 ~하다, 막 ~하려 하다 | ラーメンを食べ掛けた時に、友達が遊びにきた 라면을 먹기 시작했을 때 친구가 놀러 왔다〉 □さながら 마치, 흡사 □下男下女 하인과 하녀 □趣き 느낌, 모습, 분위기 □呈する 나타내다, 드러내다, 드리다, 증정하다 □~畳間 다다미 ~장이 깔려 있는 크기의 방 □大混乱 매우 혼란스러움 □やたらに 몹시, 함부로, 무턱대고, 마구 □汗を拭く 땀을 닦다 □めし(飯) 밥 〈ご飯보다 거친 표현〉 □汗(を)かく 땀을 흘리다 □げびる (언행이) 품위가 없어 보이다, 천해 보이다 □いかに 아무리 □お上品 고상함, 품위 있음 □~いえども ~이기는 하지만, (비록) ~이라 할지라도 □ぶつぶつ 불평·불만이나 잔소리를 하는 모양, 투덜투덜, 툴툴 □不平 불평, 불만 □言い出す 말을 꺼내다, 입에 올리다, 말을 시작하다

* **柳多留** 1765~1838년에 걸쳐 간행된 센류집(川柳集)이다. 川柳(せんりゅう)는 俳句(はいく)와 같은 형식으로 5·7·5의 3구 17음으로 된 단시(短詩)이다. 세태나 풍속을 익살과 풍자로 묘사하는 것이 그 특징이다.

母は、一歳の次女におっぱいを含(ふく)ませながら、そうして、お父さんと長女と長男のお給仕(きゅうじ)をするやら、子供たちのこぼしたものを拭くやら、拾(ひろ)うやら、鼻をかんでやるやら、八面(はちめん)六臂(ろっぴ)のすさまじい働(はたら)きをして、

「お父さんは、お鼻に一番汗をおかきになるようね。いつも、せわしくお鼻を拭いていらっしゃる」

□おっぱいを含ませる 젖을 물리다〈おっぱい 유방, 젖〉 □お給仕をする 시중을 들다 □こぼす 흘리다, 엎지르다 □拾う 줍다 □鼻をかむ 코를 풀다 □八面六臂 팔면육비, 여러 방면에서 눈부신 활약을 함 □すさまじい 굉장하다, 엄청나다, 어마어마하다 □せわしい(忙しい) 바쁘다, 겨를이 없다

父は苦笑(くしょう)して、

「それじゃ、お前はどこだ。内股(うちまた)かね？」

「お上品なお父さんですこと」

「いや、何もお前、医学的(いがくてき)な話じゃないか。上品も下品(げひん)もない」

「私はね」

と母は少しまじめな顔になり、

「この、お乳(ちち)とお乳のあいだに、……涙(なみだ)の谷(たに)、……」

涙の谷。

父は黙(もく)して、食事(しょくじ)をつづけた。

私は家庭にあっては、いつも冗談(じょうだん)を言っている。それこそ「心には悩(なや)みわずらう」事の多いゆえに、「おもてには快楽(けらく)」をよそわざるを得(え)ない、とでも言おうか。いや、家庭にある時

□苦笑する 쓴웃음을 짓다 □内股 허벅지 □～こと ~구나, ~기도 하구나 〈감탄 · 영탄을 나타냄〉 □下品 천박함, 품위가 없음 □お乳 유방, 젖 □谷 계곡 □黙する 침묵하다, 말을 안 하다 □～にあっては (장소나 상황을 나타내는 명사에 붙어) ~중에는, ~에 있어서는 □冗談を言う 농담을 하다 □それこそ 그거야말로 □悩み 괴로움, 번민, 근심 □わずらう(煩う) 고민하다, 번민하다 □～ゆえに ~하므로, ~하니까, ~해서 □おもて(表) 겉, 표면 □快楽 쾌락 □よそう(装う) 가장하다, 꾸미다 ■～ざるを得ない (동사 ない형 뒤에 연결되어, 하지 않으면 안 되는 어쩔 수 없는 상황을 나타냄. 단 する는 せざる, 来る는 こざる가 됨) ~하지 않을 수 없다, ~해야만 한다 〈約束したことだから、守(まも)らざるを得ない 약속한 일이라서 지키지 않을 수 없다〉

ばかりでなく、私は人に接(せっ)する時でも、心がどんなにつらくても、からだがどんなに苦(くる)しくても、ほとんど必死(ひっし)で、楽(たの)しい雰囲気(ふんいき)を創(つく)る事に努力(どりょく)する。そうして、客(きゃく)とわかれた後(あと)、私は疲労(ひろう)によろめき、お金(かね)の事、道徳(どうとく)の事、自殺(じさつ)の事を考える。いや、それは人に接する場合(ばあい)だけではない。小説(しょうせつ)を書く時も、それと同じである。私は、悲(かな)しい時に、かえって軽(かる)い楽しい物語(ものがたり)の創造(そうぞう)に努力する。自分では、もっとも、おいしい奉仕(ほうし)のつもりでいるのだが、人はそれに気(き)づかず、太宰(だざい)という作家(さっか)も、このごろは軽薄(けいはく)である、面白さだけで読者(どくしゃ)を釣(つ)る、すこぶる安易(あんい)、と私をさげすむ。

人間が、人間に奉仕するというのは、悪い事であろうか。もったいぶって、なかなか笑わぬというのは、善(よ)い事であろうか。

□~ばかりでなく ~뿐만이 아니라 □人に接する 사람을 대하다, 사람을 접하다 □つらい 괴롭다, 힘들다 □苦しい 힘겹다, 고되다, 무리하다 □雰囲気 분위기 □創る 만들다, 창조하다 □努力する 노력하다 □わかれる(別れる) 헤어지다 □~た後 ~한 후, ~한 다음 □疲労 피로 □よろめく 비틀거리다 □自殺 자살 □かえって 오히려, 도리어 □もっとも 무엇보다도, 가장, 제일 □奉仕 봉사 ■~つもりだ (동사ている형 · 과거형, 명사の에 붙어) ~라고 여기다 〈彼女は僕が考えているすべてを知ったつもりでいる 그녀는 내가 생각하고 있는 모든 것을 안다고 여긴다〉 □~に気づく ~을 눈치채다, ~을 알아차리다 □軽薄 경박(함) □釣る 낚다 □すこぶる 몹시, 대단히, 매우 □安易 안이, 손쉬움 □さげすむ 깔보다, 업신여기다, 멸시하다 □もったいぶる 짐짓 무게가 있는 체하다, 거드름을 피우다 □~ぬ ~지 않다, ~지 않다 〈=ん, 부정을 나타내는 말로 동사 ない형에 붙음. 단 するは せぬ, 来るは こぬ가 됨〉

つまり、私は、糞真面目(くそまじめ)で興(きょう)ざめな、気(き)まずい事に堪(た)え切(き)れないのだ。私は、私の家庭においても、絶(た)えず冗談を言い、薄氷(はくひょう)を踏(ふ)む思いで冗談を言い、一部の読者、批評(ひひょう)家の想像(そうぞう)を裏切(うらぎ)り、私の部屋の畳(たたみ)は新(あたら)しく、机上(きじょう)は整頓(せいとん)せられ、夫婦(ふうふ)はいたわり、尊敬(そんけい)し合(あ)い、夫(おっと)は妻(つま)を打(う)った事などないのは無(む)論(ろん)、出て行け、出て行きます、などの乱暴(らんぼう)な口争(くちあらそ)いした事さえ一度もなかったし、父も母も負(ま)けずに子供を可愛(かわい)がり、子供たちも父母(ふぼ)に陽気(ようき)によくなつく。

しかし、これは外見(がいけん)。母が胸(むね)をあけると、涙の谷、父の寝(ね)汗(あせ)も、いよいよひどく、夫婦は互(たが)いに相手(あいて)の苦痛(くつう)を知っているのだが、それに、さわらないように努(つと)めて、父が冗談を言えば、母も笑(わら)う。

□つまり 즉, 결국, 요컨대 □糞真面目 너무 진지하여 융통성이 전혀 없음, 미련하리만큼 고지식함 □興ざめ 흥이 깨짐, 기분이 잡침 □気まずい 어색하다, 서먹서먹하다 □堪え切れる 끝까지 견디어 내다, 마지막까지 참고 견디다 □絶えず 끊임없이, 항상, 언제나 □薄氷を踏む 살얼음을 밟다, 몹시 위태로워 아슬아슬하다 □裏切る 배신하다, 배반하다 □机上 책상 위 □整頓する 정돈하다 □いたわる(労る) 돌보다, 위로하다 □～合い (동사 ます형에 붙어) 함께 ~하다, 서로 ~하다 〈助け合う 서로 돕다〉 □打つ 치다, 때리다 □無論 물론 ＝もちろん □乱暴 난폭(함) □口争いする 말다툼을 하다, 언쟁을 하다 □陽気 쾌활(함), 명랑(함), 활달(함) □なつく(懐く) (사람을) 따르다 □外見 외견, 외양, 겉모습 □寝汗 자면서 흘리는 식은땀 □いよいよ 더욱더, 점점 □相手 상대방 □苦痛 고통 □さわる(触る) 손대다, 만지다, 건드리다 □努める 애쓰다, 힘쓰다, 노력하다

しかし、その時、涙の谷、と母に言われて父は黙し、何か冗談を言って切りかえそうと思っても、とっさにうまい言葉が浮かばず、黙しつづけると、いよいよ気まずさが積り、さすがの「通人」の父も、とうとう、まじめな顔になってしまって、

「誰か、人を雇いなさい。どうしたって、そうしなければ、いけない」

と、母の機嫌を損じないように、おっかなびっくり、ひとりごとのように呟く。

子供が三人。父は家事には全然、無能である。蒲団さえ自分で上げない。そうして、ただもう馬鹿げた冗談ばかり言っている。配給だの、登録だの、そんな事は何も知らない。全然、

□切りかえす(切り返す) 반격하다, 되받아치다 □とっさに 순간적으로, 즉시, 곧 □うまい 훌륭하다, 솜씨가 좋다 □浮かぶ 떠오르다 □いよいよ 점점, 더욱더 □積る 쌓이다 □さすがの～も 그토록 대단한 ~도, 그렇게 정평이 나 있는 ~도 □通人 달인, 세상 물정에 밝은 사람 □とうとう 드디어, 마침내, 결국 □雇う 고용하다 □損じる 부수다, 손상하다, 상하게 하다 ＝損ずる □おっかなびっくり 무서워 떨면서, 흠칫흠칫하며, 벌벌 떨며 □ひとりごと(独り言) 혼잣말 □呟く 중얼거리다, 투덜거리다 □家事 가사, 집안 일 □無能 무능(함) □蒲団 이불, 이부자리 〈＝布団, 蒲団を上げる 이부자리를 걷다〉 □自分で 스스로, 혼자서 □馬鹿げる 시시하게 여겨지다, 바보스럽게 느껴지다 □配給 배급 ■～だの～だの (사물 · 상황 · 감정 등을 나열할 때 씀) ~랑 ~랑, ~며 ~며, ~라든가 ~라든가, ~라느니 ~라느니 〈行くだの行かないだのと言って、騒(さわ)いでいる 간다느니 안 간다느니 하며 소란을 피우고 있다〉 □登録 등록

宿屋住(やどやずま)いでもしているような形(かたち)。来客(らいきゃく)。饗応(きょうおう)。仕事部屋(しごとべや)にお弁当(べんとう)を持って出かけて、それっきり一週間も御帰宅(ごきたく)にならない事もある。仕事、仕事、といつも騒(さわ)いでいるけれども、一日に二、三枚(まい)くらいしかお出来(でき)にならないようである。あとは、酒(さけ)。飲みすぎると、げっそり痩(や)せてしまって寝込(ねこ)む。そのうえ、あちこちに若(わか)い女の友達(ともだち)などもある様子(ようす)だ。

子供、……七歳の長女も、ことしの春に生(うま)れた次女も、少し風邪(かぜ)をひき易(やす)いけれども、まずまあ人並(ひとなみ)。しかし、四歳の長男は、痩せこけていて、まだ立てない。言葉は、アアとかダアとか言うきりで一語(いちご)も話せず、また人の言葉を聞きわける事も出来ない。這(は)って歩いていて、ウンコもオシッコも教(おし)えない。それでいて、ごはんは実(じつ)にたくさん食べる。けれども、いつも痩せて小さく、髪(かみ)の毛(け)も薄(うす)く、少しも成長(せいちょう)しない。

□**宿屋住い** 하숙생활 □**来客** 내방객, 찾아온 손님 □**饗応** 향응, 접대, 대접 □**仕事部屋** 작업실 □**それっきり** 그뿐, 그만 〈それきり의 힘줌말 | ~きり (앞의 말을 한정할 때 씀) ~뿐, ~만〉 □**帰宅** 귀가 □**騒ぐ** 소란을 피우다, 시끄럽게 하다 □**げっそり** 갑자기 살이 빠져 여위는 모양, 쑥, 쏙 □**痩せる** 마르다, 여위다 □**寝込む** 깊이 잠들다, 병으로 오래 자리에 눕다 □**人並** 보통 사람과 같은 정도임, 평범함, 남들과 같음 □**痩せこける** 몹시 야위다, 몹시 마르다, 앙상해지다 □**一語** 한마디 말 □**聞きわける** 알아듣다, 분별하다, 납득하다 □**這う** 기다, 기어가다 □**ウンコ** (유아어) 똥, 대변 =くそ □**オシッコ** (유아어) 오줌, 쉬, 소변 □**実に** 실로, 정말, 실제로 □**薄い** 적다, 희박하다, 모자라다, 부족하다

父も母も、この長男について、深く話し合うことを避(さ)ける。白痴(はくち)、唖(おし)、……それを一言(ひとこと)でも口に出して言って、二人で肯定(こうてい)し合うのは、あまりに悲惨(ひさん)だからである。母は時々、この子を固(かた)く抱(だ)きしめる。父はしばしば発作的(ほっさてき)に、この子を抱(だ)いて川(かわ)に飛(と)び込(こ)み死(し)んでしまいたく思う。

「唖の次男を斬殺(ざんさつ)す。×日正午(しょうご)すぎ×区(く)×町(ちょう)×番地(ばんち)×商(しょう)、何某(なにがし)(五三)さんは自宅六畳間(じたくろくじょうま)で次男何某(一八)君の頭(あたま)を薪割(まきわり)で一撃(いちげき)して殺害(さつがい)、自分はハサミで喉(のど)を突(つ)いたが死(し)に切(き)れず附近(ふきん)の医院(いいん)に収容(しゅうよう)したが危篤(きとく)、同家(どうけ)では最近(さいきん)二女某(ぼう)(二二)さんに養子(ようし)を迎(むか)えたが、次男が唖の上(うえ)に少し頭が悪いので娘可愛(むすめかわい)さから思い余(あま)ったもの」

こんな新聞(しんぶん)の記事(きじ)もまた、私にヤケ酒(ざけ)を飲ませるのである。

□~について ~에 대하여 □話し合う 서로 이야기하다, 대화를 나누다 □避ける 피하다 □白痴 백치 □唖 벙어리 □一言 일언, 한마디 말 □口に出す 말하다 □肯定する 긍정하다 □悲惨 비참(함) □抱きしめる 꼭 껴안다, 부둥켜 안다 □しばしば 자주, 종종 □発作的に 발작적으로 □抱く (품에) 안다 □飛び込む 뛰어들다 □斬殺す 참살하다 □何某さん 아무개 씨 □薪割 장작을 팸, 또는 그 연장, 도끼 □一撃する 일격하다, 한 번 세게 치다 □殺害 살해 □突く 찌르다 □附近 부근, 인근 □収容する 수용하다 □危篤 위독 □某さん 모 씨, 아무개 씨 □養子を迎える 양자를 들이다 □~の上に (명사에 붙어) ~인 데다가, ~에 더하여 □思い余る 생각다 못하다 □ヤケ酒 홧술

ああ、ただ単(たん)に、発育(はついく)がおくれているというだけの事であってくれたら！ この長男が、いまに急(きゅう)に成長(せいちょう)し、父母の心配(しんぱい)を憤(いきどお)り嘲笑(ちょうしょう)するようになってくれたら！ 夫婦は親戚(しんせき)にも友人(ゆうじん)にも誰にも告(つ)げず、ひそかに心でそれを念(ねん)じながら、表面(ひょうめん)は何も気にしていないみたいに、長男をからかって笑っている。

母も精一杯(せいいっぱい)の努力で生(い)きているのだろうが、父もまた、一生懸命(いっしょうけんめい)であった。もともと、あまりたくさん書ける小説家ではないのである。極端(きょくたん)な小心者(しょうしんもの)なのである。それが公衆(こうしゅう)の面前(めんぜん)に引(ひ)き出(だ)され、へどもどしながら書いているのである。書くのがつらくて、ヤケ酒に救(すく)いを求(もと)める。ヤケ酒というのは、自分の思っていることを主張(しゅちょう)できない、もどかしさ、いまいましさで飲む酒の事である。いつでも、自分の思っている

□**単に** 그저, 단순히 □**発育** 발육 □**いまに** 이제, 이제 곧, 머지않아 □**憤る** 분노하다, 성내다, 개탄하다, 분개하다 □**嘲笑する** 조소하다, 비웃다 □**告げる** 털어놓다, 고백하다 □**ひそかに**(密かに) 비밀스럽게, 몰래, 은밀하게 □**念じる** 바라다, 기원하다, 염원하다 □**からかう** 놀리다, 조롱하다 □**精一杯** 있는 힘을 다함, 힘껏, 한껏 □**もともと** 원래, 본디 □**極端** 극단적임 □**小心者** 소심한 사람 □**公衆** 대중 □**引き出す** 끌어내다, 꺼내다 □**へどもどする** (말이 막히거나 하여) 쩔쩔매다, (당황하여) 어쩔 줄 모르다, 갈팡질팡하다 □**救い** 도움, 구조, 구원 〈救いを求める 도움을 청하다〉 □**もどっかしさ** (뜻대로 안 되어) 답답함, 안타까움, 초조함 〈もどかしさ의 힘줌말〉 □**いまいましさ**(忌々しさ) 분함, 화가 남

ことをハッキリ主張できるひとは、ヤケ酒なんか飲まない。(女に酒(さけ)飲(の)みの少(すく)ないのは、この理由(りゆう)からである)

私は議論(ぎろん)をして、勝(か)ったためしがない。必(かなら)ず負(ま)けるのである。相手の確信(かくしん)の強(つよ)さ、自己肯定(じここうてい)のすさまじさに圧倒(あっとう)せられるのである。そうして私は沈黙(ちんもく)する。しかし、だんだん考えてみると、相手の身勝手(みがって)に気がつき、ただこっちばかりが悪いのではないのが確信せられて来るのだが、いちど言い負けたくせに、またしつこく戦闘開始(せんとうかいし)するのも陰惨(いんさん)だし、それに私には言(い)い争(あらそ)いは殴(なぐ)り合(あ)いと同(おな)じくらいにいつまでも不快(ふかい)な憎(にく)しみとして残(のこ)るので、怒(いか)りにふるえながらも笑い、沈黙し、それから、いろいろさまざま考え、ついヤケ酒という事になるのである。

□酒飲み 술을 즐겨 마심, 술을 많이 마시는 사람, 술꾼 □議論 의론, 토론, 논의 □ためし(例) 예, 선례, 전례 □必ず 반드시, 꼭 □すさまじさ 굉장함, 엄청남, 무서움 □沈黙する 침묵하다 □だんだん(段々) 점점 □身勝手 제멋대로임, 염치가 없음 □言い負ける 말싸움에서 지다 ■～くせに (동사・い형용사 보통형, な형용사な, 명사の에 붙어) ~주제에, ~에도 불구하고, ~면서도 〈さっき昼ごはんを食べたくせに、またパンを食べている 아까 점심을 먹었으면서도 또 빵을 먹고 있다〉 □しつこい 끈질기다, 집요하다 □戦闘 전투 □開始する 개시하다, 시작하다 □陰惨 처참함, 참담함 □言い争い 말다툼, 언쟁, 입씨름 ＝口争(くちあらそ)い □殴り合い 치고받음, 서로 때림, 몸싸움, 격투 □不快 불쾌함 □憎しみ 증오, 미움 □怒り 화, 분노 □ふるえる(震える) 떨리다

はっきり言おう。くどくどと、あちこち持ってまわった書(か)き方(かた)をしたが、実はこの小説、夫婦喧嘩(ふうふげんか)の小説なのである。

「涙の谷」

それが導火線(どうかせん)であった。この夫婦は既(すで)に述(の)べたとおり、手荒(てあら)なことはもちろん、口汚(くちぎたな)くののしり合った事さえないすこぶるおとなしい一組(ひとくみ)ではあるが、しかし、それだけまた一触即発(いっしょくそくはつ)の危険(きけん)におののいているところもあった。両方(りょうほう)が無言(むごん)で、相手の悪さの証拠固(しょうこがた)めをしているような危険、一枚の札(ふだ)をちらと見ては伏(ふ)せ、また一枚ちらと見ては伏せ、いつか、出(だ)し抜(ぬ)けに、さあ出来ましたと札をそろえて眼前(がんぜん)にひろげられる

□くどくどと 장황하게, 지겹게, 구구하게 □持ってまわる 갖고 돌아다니다, 완곡하게 하다, 에두르다 □書き方 쓰는 방법, 집필 방식 □実は 실은 □夫婦喧嘩 부부싸움 □導火線 도화선 □述べる 말하다, 진술하다 ■～とおり(に) (동사 기본형 · た형, 명사+どおり | 명사の+とおり) ~대로 〈工事は予定とおりに進んでいて、非常に順調(じゅんちょう)です 공사는 예정대로 진행되고 있으며 매우 순조롭습니다〉 □手荒 (행동 등이) 난폭함, 거칠게 다룸 □～はもちろん ~은 물론, ~은 말할 것도 없이 □口汚い 입이 걸다, 말투가 천하다 □ののしり合う 서로 큰 소리로 비난하다, 서로 욕을 하며 닦아세우다, 서로 욕설을 퍼붓다 □すこぶる 몹시, 대단히, 매우 □一組 한 패, 한 쌍 □一触即発 일촉즉발 □おののく(戦く) 부들부들 떨다, 전율하다 □無言で 아무 말 없이 □証拠固め 증거 확보, 증거를 굳힘 〈証拠固めをする 증거를 확보하다〉 □札 (트럼프, 화투 등의) 패, 표 □ちらと 슬쩍, 언뜻, 잠깐, 흘끗 =ちらっと □伏せる 숨기다, 뒤집어 놓다, 엎드리다 □出し抜けに 느닷없이, 갑자기 □そろえる(揃える) 가지런히 하다, 고루 갖추다

ような危険、それが夫婦を互(たが)いに遠慮深(えんりょぶか)くさせていたと言って言えないところがないでもなかった。妻のほうはとにかく、夫のほうは、たたけばたたくほど、いくらでもホコリの出そうな男なのである。

「涙の谷」

そう言われて、夫は、ひがんだ。しかし、言い争いは好(この)まない。沈黙した。お前(まえ)はおれに、いくぶんあてつける気持(きも)ちで、そう言ったのだろうが、しかし、泣(な)いているのはお前だけでない。おれだって、お前に負けず、子供の事は考えている。自分の家庭は大事だと思っている。子供が夜中(よなか)に、へんな咳(せき)一つしても、きっと目がさめて、たまらない気持ちになる。もう少し、ましな家(いえ)に引(ひ)っ越(こ)して、お前や子供たちをよろこばせてあげたくてならぬが、しかし、おれには、どうしてもそこまで手が廻(まわ)らないのだ。これでもう、精一杯なのだ。

□**遠慮深い** 조심성이 많다, 신중하다 □**とにかく** 어쨌든, 여하튼 □**ひがむ**(僻む) 비뚤어지다, 뒤틀리다 □**好む** 좋아하다, 즐기다 □**いくぶん**(幾分) 일부분, 약간, 얼마간, 다소 □**あてつける**(当てつける) (직접 관계가 없는 일을 일부러 보여 주거나 들려 주어 상대를) 비난하다, 비꼬다 □**咳** 기침 □**目がさめる**(覚める) 잠이 깨다, 눈이 떠지다 □**たまる** 참다, 견디다 □**まし** (나쁜 것 중에서 비교하여 그나마) 더 나음, 더 좋음 ■**〜てならぬ** (동사たくて, い형용사くて형에 붙어 자연스럽게 솟아나는 억제할 수 없는 감정 상태를 나타냄) ~어서 참을 수가 없다, ~어서 견딜 수가 없다 〈=〜てならない | 最近、旅行に行きたくてたまらない 요즘 여행이 가고 싶어서 참을 수가 없다〉 □**手が廻る** 손길이 미치다, 뒷바라지가 철저하다

おれだって、凶暴(きょうぼう)な魔物(まもの)ではない。妻子(さいし)を見殺(みごろ)しにして平然(へいぜん)、というような「度胸(どきょう)」を持ってはいないのだ。配給(はいきゅう)や登録(とうろく)の事だって、知らないのではない、知るひまがないのだ。……父は、そう心の中で呟(つぶや)き、しかし、それを言い出す自信(じしん)もなく、また、言い出して母から何か切りかえされたら、ぐうの音(ね)も出ないような気もして、

「誰か、ひとを雇(やと)いなさい」

と、ひとりごとみたいに、わずかに主張してみた次第(しだい)なのだ。

母も、いったい、無口(むくち)なほうである。しかし、言うことに、いつも、つめたい自信を持っていた。(この母に限(かぎ)らず、どの女も、たいていそんなものであるが)

□凶暴 흉악(함), 흉포(함) □魔物 마물, 요괴, 요물 □妻子 처자, 아내와 자식 □見殺しにする (남의 곤경을) 못 본 체하다, (죽어 가는 사람을) 내버려 두다 □平然 태연함, 아무렇지도 않음 □度胸 배짱, 담력 □ぐうの音も出ない 꺽 소리도 못 내다, 아무 말도 못하다 □わずかに 겨우, 간신히 □次第 이유, 사정, 유래 □いったい(一体) 원래, 애초 □無口 말수가 적음 또는 그런 사람, 과묵함 □~ほう(方)だ ~편이다, ~부류이다 ■~に限らず (명사에 붙어 그것에만 한정되지 않는다는 상황을 나타냄) 꼭 ~뿐만이 아니라 〈彼女に限らず、多くの女性が自分の夢の実現のため世界中でがんばっている 그녀뿐만이 아니라, 많은 여성들이 자신의 꿈을 실현하기 위해 전 세계에서 노력하고 있다〉

「でも、なかなか、来てくれるひともありませんから」

「捜せば、きっと見つかりますよ。来てくれるひとがないんじゃない、いてくれるひとがないんじゃないかな？」

「私が、ひとを使うのが下手だとおっしゃるのですか？」

「そんな、……」

父はまた黙した。じつは、そう思っていたのだ。しかし、黙した。

ああ、誰かひとり、雇ってくれたらいい。母が末の子を背負って、用足しに外に出かけると、父はあとの二人の子の世話を見なければならぬ。そうして、来客が毎日、きまって十人くらいずつある。

「仕事部屋のほうへ、出かけたいんだけど」

「これからですか？」

「そう。どうしても、今夜のうちに書き上げなければならない仕事があるんだ」

□捜す 찾다 □見つかる 발견되다, 찾게 되다 □ひとを使う 사람을 부리다 □末の子 막내 자식, 막내 =末っ子 □背負う 등에 업다, 짊어지다 □用足し 볼일을 봄, 용변을 봄 □きまって 반드시, 어김없이, 언제나, 으레 □書き上げる 다 쓰다, 쓰기를 마치다, 낱낱이 열거하여 쓰다

それは、嘘(うそ)でなかった。しかし、家の中の憂鬱(ゆううつ)から、のがれたい気もあったのである。

「今夜は、私、妹(いもうと)のところへ行って来たいと思っているのですけど」

それも、私は知っていた。妹は重態(じゅうたい)なのだ。しかし、女房(にょうぼう)が見舞(みま)いに行けば、私は子供のお守(も)りをしていなければならぬ。

「だから、ひとを雇って、……」

言いかけて、私は、よした。女房の身内(みうち)のひとの事に少しでも、ふれると、ひどく二人の気持ちがややこしくなる。

生きるという事は、たいへんな事だ。あちこちから鎖(くさり)がからまっていて、少しでも動くと、血(ち)が噴(ふ)き出(だ)す。

□憂鬱 우울 □のがれる 벗어나다, 피하다, 달아나다, 도망가다 □重態 중태 □女房 아내, 마누라, 처 □お守りをする 보호하다, 돌보다, 지키다 □言いかける 말을 걸다, 말을 꺼내다, 말하다 말다 □よす 그만두다, 중지하다 □身内 일가, 친척, 집안 □ふれる(触れる) 접촉하다, 닿다, 언급하다 □ややこしい 복잡하다, 까다롭다 □鎖 쇠사슬, 체인 □からまる(絡まる) 얽히다, 휘감기다, 트집을 잡다 □噴き出す 세차게 내뿜다

私は黙って立って、六畳間の机の引き出しから稿料のはいっている封筒を取り出し、袂につっ込んで、それから原稿用紙と辞典を黒い風呂敷に包み、物体でないみたいに、ふわりと外に出る。

もう、仕事どころではない。自殺の事ばかり考えている。そうして、酒を飲む場所へまっすぐに行く。

「いらっしゃい」

「飲もう。きょうはまた、ばかに綺麗な縞を、……」

□黙る 입을 다물다, 침묵하다, 가만히 있다 □引き出し 서랍 □稿料 원고료 □封筒 봉투 □取り出す 꺼내다, 끄집어내다 □袂 소매, 소맷자락 □つっ込む 질러 넣다, 쑤셔 넣다 □原稿用紙 원고용지 □風呂敷 보자기 □包む 싸다, 감싸다, 포장하다 □物体 물체 □ふわりと 사뿐히, 살짝, 둥실 ■~どころではない (동사 보통형, 명사에 붙어 현재 처해진 상황을 나타냄) ~할 상황이 아니다, ~할 형편이 아니다 〈彼女は育児(いくじ)が大変で海外旅行どころではない 그녀는 육아가 힘들어 해외여행을 갈 상황이 아니다〉 □ばかに 몹시, 매우, 엄청나게

「わるくないでしょう？ あなたの好(す)く縞だと思っていたの」

「きょうは、夫婦喧嘩でね、陰(いん)にこもってやりきれねえんだ。飲もう。今夜は泊(とま)るぜ。だんぜん泊る」

子供より親が大事、と思いたい。子供よりも、その親のほうが弱いのだ。

桜桃(おうとう)が出た。

私の家では、子供たちに、ぜいたくなものを食べさせない。子供たちは、桜桃など、見た事もないかもしれない。食べさせたら、よろこぶだろう。父が持って帰ったら、よろこぶだろう。蔓(つる)を糸(いと)でつないで、首(くび)にかけると、桜桃は、珊瑚(さんご)の首(くび)飾(かざ)りのように見えるだろう。

しかし、父は、大皿(おおざら)に盛(も)られた桜桃を、極(きわ)めてまずそうに食べては種(たね)を吐(は)き、食べては種を吐き、食べては種を吐き、そうして心の中で虚勢(きょせい)みたいに呟く言葉は、子供よりも親が大事。

□蔓 덩굴 □糸 실 □つなぐ(繋ぐ) 잇다, 연결하다 □首にかける 목에 걸다 □珊瑚 산호 □首飾り 목걸이 □大皿 큰 접시 □盛る 담다 □極めて 아주, 극히, 더없이, 대단히 □種 씨, 씨앗 □吐く 뱉다, 토하다, 내쉬다 □虚勢 허세 □好く 좋아하다, 마음에 들다 □陰にこもる 표면에 나타나지 않고 내부에 잠기어 있다, 음침하다, 침울하다 □やりきれね 참을 수 없다, 견뎌낼 수 없다 〈やりきれない의 회화체 표현〉 □だんぜん(断然) 단연, 단호히

작가 소개

有島武郎(ありしま たけお, 1878～1923)

東京(とうきょう)의 유복한 가정에서 태어난 有島는 4살 때부터 외국인 목사에게 영어를 배우는 등 일찍부터 서양식 교육을 받았다. 귀족학교인 学習院(がくしゅういん)을 졸업하고 농업 혁신의 이상을 품고 札幌農学校(さっぽろのうがっこう)에 입학하는데, 이때 内村鑑三(うちむらかんぞう)의 영향으로 기독교에 입신한다. 그러나 미국 유학 중 기독교 국민의 위선과 기만을 보고 점차 기독교에 비판적이 되면서 사회주의 사상에 관심을 갖게 된다.

유학을 마치고 돌아와서는 모교에서 교편을 잡으며 1910년 志賀直哉(しがなおや), 武者小路實篤(むしゃのこうじさねあつ) 등과 함께 白樺(しらかば)파 문학에 참가했다. 1916년 아내와 아버지의 죽음을 계기로 본격적인 문학활동을 시작한 그는 자신의 사회주의 사상을 이루어 내지 못하고 1923년 6월 9일 유부녀인 波多野秋子(はたのあきこ)와 동반 자살을 한다.

대표작으로는 「カインの末裔(まつえい)(1917년)」 「生(う)まれ出(で)づる悩(なや)み(1918년)」 「或(あ)る女(おんな)(1919년)」 「惜(お)しみなく愛(あい)は奪(うば)う(1920년)」 등이 있다.

작품 소개

一房の葡萄

1920년에 발표된 동화로, 마음에 상처를 입은 아이와 그 상처를 꾸중보다는 사랑으로 감싸주는 선생님의 이야기가 잔잔하게 펼쳐져 많은 어린이들에게 감명을 주고 있다.

평소부터 그림 그리기를 좋아했던 소년은 친구의 그림물감이 탐이나 결국 훔치게 되지만 곧바로 발각되고 만다. 내성적이면서도 자존심 강한 소년은 '왜 그런 짓을 했을까'하는 후회와 함께 선생님 앞으로 끌려가 큰 소리로 울 수 밖에 없는데, 선생님은 오히려 심한 꾸중이나 질책이 아닌 따뜻한 사랑으로 소년의 상처를 감싸준다. 게다가 2층까지 뻗어 오른 포도나무에서 보랏빛 포도송이를 따서 소년에게 건네주기까지 한다.

이렇게 一房(ひとふさ)の葡萄(ぶどう)는 친구의 그림물감을 갖고 싶은 어린 소년의 간절한 마음, 훔칠 때까지의 두려움과 초초함 그리고 발각되고 난 후의 수치심과 슬픔이 마치 어린 시절의 한 단면을 영상에 담아 놓은 듯이 생생하게 전개되고 있다. 이 소설에 담겨진 선생님의 사랑은 有島가 어린이를 사랑하는 마음으로 대변될 수 있을 것이다.

一房(ひとふさ)の葡萄(ぶどう)

有島武郎(ありしまたけお)

一

僕(ぼく)は小さい時に絵(え)を描(か)くことが好(す)きでした。僕の通(かよ)っていた学校(がっこう)は横浜(よこはま)の山(やま)の手(て)という所(ところ)にありましたが、そこいらは西洋人(せいようじん)ばかり住(す)んでいる町(まち)で、僕の学校も教師(きょうし)は西洋人ばかりでした。そしてその学校の行(ゆ)き帰(かえ)りにはいつでもホテルや西洋人の会社(かいしゃ)などがならんでいる海岸(かいがん)の通(とお)りを通(とお)るのでした。通りの海添(うみぞ)いに立って見ると、真(ま)っ青(さお)な海の上に軍艦(ぐんかん)だの商(しょう)船(せん)だのがいっぱいならんでいて、煙突(えんとつ)から煙(けむり)の出ているのや、

□房 송이 □葡萄 포도 □絵を描く 그림을 그리다 □横浜 神奈川(かながわ)현의 현청 소재지가 있는 곳이다. 도쿄 만에 면한 항구도시로 아름다운 야경으로 유명하다 □そこいら 그 근처, 그 부근 □行き帰り 왕복, 오고 감 □海岸の通り 해안길, 해안가의 큰길 ■～添い (명사에 붙어, 그것을 따라서 나란히 나아가는 것을 나타냄) ~을 따라서, ~에 연하여 ＝沿い〈線路(せんろ)添いに歩いていく 철길을 따라 걸어가다〉 □軍艦 군함 □商船 상선 □煙突 굴뚝

帆柱から帆柱へ万国旗をかけわたしたのやがあって、目がいたいように綺麗でした。僕はよく岸に立ってその景色を見渡して、家に帰ると、覚えているだけを出来るだけ美しく絵に描いて見ようとしました。けれどもあの透きとおるような海の藍色と、白い帆前船などの水際近くに塗ってある洋紅色とは、僕の持っている絵具ではどうしてもうまく出せませんでした。いくら描いても描いても本当の景色で見るような色には描けませんでした。

ふと僕は学校の友達の持っている西洋絵具を思い出しました。その友達はやはり西洋人で、しかも僕より二つ位年が上でしたから、身長は見上げるように大きい子でした。

□帆柱 돛대 □万国旗 만국기 □かけわたす(掛け渡す) 걸치다, 건너지르다 □岸 물가, 해변 □景色 경치, 풍경 □見渡す 멀리까지 널리 바라보다, 둘러보다 □透きとおる(透き通る) 투명하다 □藍色 남색, 쪽빛 □帆前船 서양식 대형 범선 □水際 물가 □塗る 바르다, 칠하다 □洋紅色 선홍색 □絵具 그림물감 □ふと 문득, 그때 갑자기 □思い出す 생각해내다, 떠올리다, 생각나다 □見上げる 올려다보다

ジムというその子の持っている絵具は舶来(はくらい)の上等(じょうとう)のもので、軽(かる)い木の箱(はこ)の中(なか)に、十二種(いろ)の絵具が小さな墨(すみ)のように四角(しかく)な形(かたち)にかためられて、二列(にれつ)にならんでいました。どの色も美しかったが、とりわけて藍(あい)と洋紅(ようこう)とはびっくりするほど美しいものでした。ジムは僕より身長が高いくせに、絵はずっと下手(へた)でした。それでもその絵具をぬると、下手な絵さえがなんだか見ちがえるように美しく見えるのです。僕はいつでもそれを羨(うらやま)しいと思っていました。あんな絵具さえあれば僕だって海の景色を本当に海に見えるように描いて見せるのになあと、自分の悪い絵具を恨(うら)みながら考えました。そうしたら、

□**舶来** 박래, 외래, 외국 제품 □**上等** 상등급, 등급이 위임 □**箱** 상자, 궤짝, 함 □**～種** ~종류, ~가지, ~색 □**墨** 먹 □**形** 형태, 모양 □**かためる**(固める) 다지다, 굳히다 □**～列** ~열, ~줄 □**とりわけて** 특히, 유난히, 그중에서도 □**びっくりする** 깜짝 놀라다 ■**～ほど** (동사 · い형용사 기본형, 명사에 붙어, 동작이나 상태의 정도를 나타냄) ~할 만큼, ~할 정도 〈歯医者(はいしゃ)へ行くのは死ぬほどこわい 치과에 가는 것은 죽을 정도로 무섭다〉 □**ずっと** 훨씬, 아주 □**それでも** 그런데도, 그럼에도 불구하고 □**なんだか** 어쩐지, 웬일인지, 뭔지 □**見ちがえる** 몰라보다, 잘못 보다, 착각하다 □**羨しい** 부럽다, 샘이 나다 ■**～さえ～ば** ~만 ~라면, ~만 ~다면 〈あなたさえいてくれればなにもいらない 당신만 있어 준다면 아무것도 필요 없다〉 □**～て見せる** (강한 의지를 나타냄) ~해 보이겠다, ~ 하고야 말겠다 □**恨む** 원망하다, 미워하다, 불만스러워 하다

その日からジムの絵具がほしくってほしくってたまらなくなりました。けれども僕はなんだか臆病(おくびょう)になってパパにもママにも買って下(くだ)さいと願(ねが)う気になれないので、毎日(まいにち)毎日その絵具のことを心の中で思いつづけるばかりで幾日(いくにち)か日がたちました。

今ではいつの頃(ころ)だったか覚えてはいませんが、秋(あき)だったのでしょう。葡萄(ぶどう)の実(み)が熟(じゅく)していたのですから。天気(てんき)は冬(ふゆ)が来る前の秋によくあるように空(そら)の奥(おく)の奥まで見すかされそうにはれわたった日でした。僕達は先生と一緒(いっしょ)に弁当(べんとう)を食(た)べましたが、その楽(たの)しみな弁当の最中(さいちゅう)でも僕の心はなんだか落(お)ち着(つ)かないで、その日の空とはうらはらに暗(くら)かったのです。僕は自分(じぶん)一人で考えこんでいました。誰かが気がついて見たら、

□〜てたまらない (동사たくて, い형용사くて형에 붙어) ~해서 참을 수 없다, ~해서 견딜 수 없다 □臆病 겁이 많음, 겁쟁이 □思いつづける (한 가지 것을) 계속 생각하다 □幾日 며칠 □たつ(経つ) (시간이나 기간 등이) 지나다, 흘러가다, 경과하다 □実 열매, 알맹이 □熟する 익다, 숙성하다, 숙련되다 □奥 속, 깊숙한 곳 □見すかす 꿰뚫어 보다, 알아채다, 간파하다 □はれわたる(晴れ渡る) (하늘이) 활짝 개다 ■〜最中 (동사 ている형, 명사の에 붙어) 한창 ~인 때, 한창 ~하는 도중 〈大事な商談(しょうだん)の最中にお腹から変な音がして大変だった 중요한 상담 중에 배에서 이상한 소리가 나서 힘들었다〉 □落ち着く 안정되다, 진정되다, 차분하다, 침착하다 □うらはら(裏腹) 정반대임, 모순됨, 상반됨 □考えこむ(考え込む) 골똘히 생각하다, 생각에 잠기다

顔もきっと青(あお)かったかも知れません。僕はジムの絵具がほしくってほしくってたまらなくなってしまったのです。胸(むね)が痛(いた)むほどほしくなってしまったのです。ジムは僕の胸の中で考えていることを知っているにちがいないと思って、そっとその顔を見ると、ジムはなんにも知らないように、面白(おもしろ)そうに笑ったりして、わきに座(すわ)っている生徒(せいと)と話(はなし)をしているのです。でもその笑っているのが僕のことを知っていて笑っているようにも思えるし、何(なに)か話をしているのが、「いまに見ろ、あの日本人が僕の絵具を取(と)るにちがいないから。」といっているようにも思えるのです。僕はいやな気持(きも)ちになりました。けれどもジムが僕を疑(うたが)っているように見えれば見えるほど、僕はその絵具がほしくてならなくなるのです。

□胸が痛む 마음이 아프다, 가슴이 아프다 □わき(脇) 옆, 곁 □いまに見ろ 두고 보자 □取る 훔치다, 빼앗다 □疑う 의심하다

二

僕はかわいい顔はしていたかも知れないが、体(からだ)も心(こころ)も弱(よわ)い子でした。その上(うえ)臆病者(おくびょうもの)で、言いたいことも言わずにすますような質(たち)でした。だからあんまり人からは、かわいがられなかったし、友達もない方(ほう)でした。昼御飯(ひるごはん)がすむと他(ほか)の子供達は活潑(かっぱつ)に運動場(うんどうじょう)に出て走(はし)りまわって遊びはじめましたが、僕だけはなおさらその日は変(へん)に心が沈(しず)んで、一人だけ教場(きょうじょう)に入(はい)っていました。外(そと)が明(あか)るいだけに教場の中は暗(くら)くなって僕の心の中のようでした。自分の席(せき)に座っていながら僕の目は時々ジムのテーブルの方に走りました。ナイフで色々ないたずら書(が)きが彫(ほ)りつけてあって、手垢(てあか)で真(ま)っ黒(くろ)になっているあの蓋(ふた)を揚(あ)げると、その中に本や雑記帳(ざっきちょう)や石板(せきばん)と一緒になって、飴(あめ)のような木の色の絵具箱(ばこ)があるんだ。そしてその箱の中には小さい

□臆病者 겁쟁이 □すます(済ます) 끝내다, 마치다, (그냥) 넘기다 □質 성질, 기질 □昼御飯がすむ 점심식사가 끝나다 □活潑に 활발하게, 씩씩하게 □走りまわる 뛰어 돌아다니다, 여기저기 뛰어다니다 □なおさら 더욱더, 더 한층 □変に 이상하게 □心が沈む 기분이 가라앉다, 우울하다 □教場 교실 ■~だけに(동사 · い형용사 보통형, な형용사な, 명사에 붙어) ~한 만큼, ~인 만큼 〈若いだけに行動力(こうどうりょく)もある 젊은 만큼 행동력도 있다〉 □席に座る 자리(좌석)에 앉다 □いたずら書き 낙서 □彫りつける (무늬 · 글씨 등을) 새겨 넣다 □手垢 손때 □蓋を揚げる 뚜껑을 올리다 □雑記帳 여러 가지 잡다한 것을 적는 공책, 잡기장, 연습장 □石板 석판 : 석필로 글씨도 쓰고 그림도 그릴 수 있도록 석판석을 얇게 깎아 만든 판 〈明治시대 들어 서양식 교육제도를 받아들이면서 도입되었음〉 □飴 엿, 조청, 사탕 □絵具箱 물감 상자

墨のような形をした藍や洋紅の絵具が……僕は顔が赤くなったような気がして、思わずそっぽを向(む)いてしまうのです。けれどもすぐまた横目(よこめ)でジムのテーブルの方を見ないではいられませんでした。胸のところがどきどきとして苦(くる)しい程(ほど)でした。じっと座っていながら夢(ゆめ)で鬼(おに)にでも追(お)いかけられた時のように気ばかりせかせかしていました。

教場に入る鐘(かね)がかんかんと鳴(な)りました。僕は思わずぎょっとして立(た)ち上(あ)がりました。生徒達が大きな声で笑ったり怒鳴(どな)ったりしながら、洗面所(せんめんじょ)の方に手を洗(あら)いに出かけて行くのが窓(まど)から見えました。僕は急(きゅう)に頭の中が氷(こおり)のように冷(つめ)たくなるのを気(き)味悪(みわる)く思いながら、ふらふらとジムのテーブルの所に行って、

□そっぽを向く 외면하다, 모른 체하다 □横目 곁눈, 곁눈질 〈横目を使う 곁눈질하다〉 ■～ないではいられない (동사 ない형에 붙어, 어떤 감정이나 행위를 의지력으로 억제할 수 없는 경우를 나타냄) ~지 않고 있을 수는 없다 〈=～ずにはいられない, 私は気になると調(しら)べないではいられない性格だ 나는 신경이 쓰이면 알아보지 않고는 못 배기는 성격이다〉 □じっと 꼼짝 않고, 가만히, 지긋이 □鬼 귀신, 도깨비 □追いかける 뒤쫓아가다, 추적하다 □せかせかする 동작이나 태도가 성급하여 침착하지 못한 모양, 조급하다 □鐘 종 〈鐘が鳴る 종이 울리다〉 □かんかんと 쇠붙이 같은 것을 두드릴 때 나는 소리, 땅땅, 땡땡 □ぎょっとする 섬뜩하다, 흠칫하다 □立ち上がる (앉거나 누워 있다가) 일어서다 □怒鳴る 소리치다, 고함치다, 호통치다 □洗面所 세면장 □氷 얼음 □気味悪い (어쩐지) 기분 나쁘다, (이상하게) 으스스하고 싫다 □ふらふら 비틀비틀, 비슬비슬, 휘청휘청

半分(はんぶん)夢のようにそこの蓋を揚げて見ました。そこには僕が考えていた通(とお)り雑記帳や鉛筆箱(えんぴつばこ)とまじって見覚(みおぼ)えのある絵具箱がしまってありました。なんのためだか知らないが僕はあっちこちを見回(みまわ)してから、誰も見ていないなと思うと、手早(てばや)くその箱の蓋を開けて藍と洋紅との二色(ふたいろ)を取(と)り上(あ)げるが早(はや)いかポケットの中に押(お)し込(こ)みました。そして急(いそ)いでいつも整列(せいれつ)して先生を待っている所に走って行きました。

□**半分** 반, 절반 □**鉛筆箱** 필통 □**まじる**(混る) 섞이다 □**見覚え** 전에 어디에선가 본 듯함, 본 기억 〈見覚えがある 본 기억이 있다〉 □**見回す** 둘러보다 □**手早い** 재빠르다, 잽싸다, 날렵하다 □**取り上げる** 집어 들다 ■**～が早いか** (동사 기본형에 붙어, 앞의 동작이 끝남과 동시에 바로 뒤의 동작을 취하는 상황을 나타냄) ~자마자 〈僕たちは授業が終わるが早いか学校を飛び出した 우리들은 수업이 끝나자마자 학교를 뛰쳐나왔다〉 □**押し込む** (억지로) 밀어 넣다, 처넣다 □**急いで** 서둘러 □**整列する** 정렬하다

僕達は若い女の先生に連れられて教場に入り銘々の席に座りました。僕はジムがどんな顔をしているか見たくってたまらなかったけれども、どうしてもそっちの方をふり向くことができませんでした。でも僕のしたことを誰も気のついた様子がないので、気味が悪いような、安心したような心持ちでいました。僕の大好きな若い女の先生のおっしゃることなんかは耳に入りは入ってもなんのことだかちっともわかりませんでした。先生も時々不思議そうに僕の方を見ているようでした。

僕はしかし先生の目を見るのがその日に限ってなんだかいやでした。そんな風で一時間がたちました。なんだかみんな耳こすりでもしているようだと思いながら一時間がたちました。

□**～に連れて** ~을 따라서, ~와 함께, ~을 데리고　□**銘々** 각자, 제각기　□**ふり向く** (뒤)돌아보다　□**心持ち** 기분, 마음　□**耳に入る** 귀에 들어오다, 얘기를 듣다　□**ちっとも～ない** 조금도 ~않다　□**不思議** 이상함, 희한함, 불가사의함　■**～に限って** (명사에 붙어, 한정을 나타냄) ~에 한해서, ~에만 〈留守の時に限ってお客さんが訪(たず)ねてくる 부재 중일 때에만 손님이 찾아온다〉　□**そんな風で** 그런 식으로 〈風 방식, 방법, 양식, 상태〉　□**耳こすり** 귀엣말, 귓속말, 빈정대는 말 〈耳こすりをする 귀엣말을 하다〉

教場を出る鐘が鳴ったので僕はほっと安心して溜息(ためいき)をつきました。けれども先生が行ってしまうと、僕は僕の級(きゅう)で一番大きな、そしてよく出来る生徒に「ちょっとこっちにおいで。」と肱(ひじ)の所を掴(つか)まれていました。僕の胸は宿題(しゅくだい)をなまけたのに先生に名(な)を指(さ)された時のように、思わずどきんと震(ふる)えはじめました。けれども僕は出来るだけ知らないふりをしていなければならないと思って、わざと平気(へいき)な顔をしたつもりで、しかたなしに運動場の隅(すみ)に連れて行かれました。

「君(きみ)はジムの絵具を持っているだろう。ここに出したまえ。」

そういってその生徒は僕の前に大きく拡(ひろ)げた手をつき出しました。そういわれると僕はかえって心が落ち着いて、

□**ほっと** 안심하여 긴장이 풀리는 모양, 휴우 〈ほっとする 안심하다, 한숨 놓다〉 □**溜息をつく** 한숨 짓다 □**級** 학년, 학급 □**肱** 팔꿈치 □**掴む** 움켜쥐다, 붙잡다 □**なまける**(怠ける) 게으름을 피우다, 게을리 하다, 빼먹다 □**名** 이름 ＝名前 □**指す** 지목하다, 가리키다 □**どきんと** 갑작스런 일에 놀라 가슴이 움찔하는 모양, 철렁, 움찔 ＝どきりと □**～ふりをする** ~체하다, ~흉내를 내다 □**わざと** 일부러, 고의로, 짐짓 □**平気** 태연함, 아무렇지 않음 ■**～たつもりで** (동사 た형에 붙어, 실제로는 그렇지 않지만 그렇게 된 것으로 가정하여 나타낼 때 씀) ~한 셈치고, ~했다고 생각하고, ~했다고 가정하고 〈死んだつもりでもう一度一からやり直した 죽은 셈치고 다시 한 번 처음부터 다시 시작했다〉 □**しかたなしに** 어쩔 수 없이, 하는 수 없이 □**隅** 구석 □**連れて行く** 데리고 가다 ■**～たまえ** (동사 ます형에 붙어, 가벼운 명령을 나타냄) ~하거라, ~하게 〈座りたまえ 앉게〉 □**つき出す** 내밀다 □**心が落ち着く** 마음이 안정되다, 마음이 가라앉다

「そんなもの、僕持ってやしない。」

と、ついでたらめを言ってしまいました。そうすると三四人の友達と一緒に僕のそばに来ていたジムが、

「僕は昼休(ひるやす)みの前にちゃんと絵具箱を調(しら)べておいたんだよ。一つもなくなってはいなかったんだよ。そして昼休みが済(す)んだら二つ失(な)くなっていたんだよ。そして休みの時間に教場にいたのは君だけじゃないか。」

と少し言葉(ことば)を震(ふる)わしながら言いかえしました。

僕はもう駄目(だめ)だと思うと急に頭の中に血(ち)が流(なが)れ込(こ)んで来て顔が真(ま)っ赤(か)になったようでした。すると誰だったかそこに立っていた一人がいきなり僕のポッケットに手をさし込(こ)もうとしました。僕は一生懸命にそうはさせまいとしましたけれど

□～てやしない ~하지는 않는다 =～てはしない □でたらめ 엉터리, 되는 대로 함, 아무렇게나 함 □ちゃんと 제대로, 확실히, 정확히 □調べる 조사하다, 점검하다 □失くなる (물건 등이) 없어지다, 분실되다 □震わす 떨게 하다, 떨다 =震わせる □言いかえす 대답하다, 말대꾸하다, 항변하다 □駄目 안 됨, 소용없음, 쓸데없음 □流れこむ(流れ込む) 흘러 들어오다 □いきなり 갑자기, 급작스럽게 □さし込む(差し込む) 집어 넣다, 찔러 넣다, 꽂다 ■～まい (1그룹동사의 기본형, 2그룹동사의 어간에 붙어 부정 추측과 의지를 나타냄. 단 するは するまい · すまい, 来るは くるまい · こまい가 됨) ~하지 않겠지, ~하지 않을 것이다 〈そんなことは私以外に誰も知るまい 그런 일은 나 이외에는 아무도 모를 것이다 | 二度と泣くまい 두 번 다시 울지 않겠다〉

も、多勢に無勢でとても叶いません。僕のポケットの中からは、見る見るマーブル球(今のビー球のことです)や鉛のメンコなどと一緒に二つの絵具のかたまりが掴み出されてしまいました。「それ見ろ」と言わんばかりの顔をして子供達は憎らしそうに僕の顔を睨みつけました。僕の体はひとりでにぶるぶる震えて、目の前が真っ暗になるようでした。いいお天気なのに、みんな休み時間を面白そうに遊び廻っているのに、僕だけは本当に心からしおれてしまいました。あんなことをなぜしてしまったんだろう。取りかえしのつかないことになってしまった。もう僕は駄目だ。そんなに思うと、弱虫だった僕は淋しく悲しくなって来て、しくしくと泣き出してしまいました。

□**多勢に無勢** 적은 인원으로 많은 사람을 당할 수 없음, 중과부적 □**叶う** 필적하다, 대항할 수 있다, 당해 내다 □**見る見る** 순식간에, 금새 □**マーブル球** 마블구슬 □**ビー球** 유리구슬 □**鉛のメンコ** 납으로 된 딱지 〈明治시대 발명되어 大正시대까지 유행했다고 함〉 □**かたまり**(固まり) 덩어리, 뭉치 □**掴み出す** 집어 내다, 꺼내다 ■**～んばかり** (동사 ない형에 붙어, 어떤 동작이 금방이라도 실행될 단계에 있음을 나타냄) 금방 ~할 듯이, ~할 것만 같이 〈殴(なぐ)らんばかりに、私の顔をにらみつけた 금방이라도 때릴 듯이 내 얼굴을 노려보았다〉 □**憎らしい** 밉살스럽다, 얄밉다 □**睨みつける** 매섭게 쏘아보다, 눈을 부릅뜨고 노려보다 □**ひとりでに** 저절로, 자연히, 혼자서 □**ぶるぶる** 부들부들, 벌벌, 와들와들, 덜덜 □**遊び廻る** 놀며 돌아다니다 □**しおれる**(萎れる) 풀이 죽다, 의기소침해지다 □**取りかえしのつかない** 돌이킬 수 없다, 되돌릴 수 없다 □**弱虫** 겁쟁이 □**淋しい** 외롭다 =寂しい □**しくしくと** 코를 훌쩍이며 힘없이 우는 모양, 훌쩍훌쩍 □**泣き出す** 울기 시작하다, 울음을 터뜨리다

「泣いておどかしたって駄目だよ」と、よく出来る大きな子が馬鹿(ばか)にするような憎(にく)みきったような声で言って、動くまいとする僕をみんなで寄(よ)ってたかって二階に引(ひ)っ張(ぱ)って行こうとしました。僕は出来るだけ行くまいとしたけれどもとうとう力(ちから)まかせに引(ひ)きずられて階子段(はしごだん)を登(のぼ)らせられてしまいました。そこに僕の好きな受(う)け持(も)ちの先生の部屋があるのです。

やがてその部屋の戸(と)をジムがノックしました。ノックするとは入ってもいいかと戸をたたくことなのです。中からはやさしく「お入り」という先生の声(こえ)が聞こえました。僕はその部屋に入る時ほどいやだと思ったことはまたとありません。

何か書きものをしていた先生はどやどやと入って来た僕達を見ると、少し驚(おどろ)いたようでした。が、女のくせに男のように

□ おどかす(脅かす) 위협하다, 겁을 주다　□ ~たって (동사 ます형에 붙어) ~한다고 해도, ~해도 □馬鹿にする 깔보다, 무시하다 □憎みきる 아주 미워하다, 극도로 싫어하다, 너무나 증오하다 〈~きる(切る) (동사 ます형에 붙어, 어떤 행동이나 상황이 최종 단계나 한계점에 이르렀음을 나타냄) 끝까지 ~하다, 몹시 ~하다〉 □寄ってたかって 여러 사람이 달라붙어, 여러 사람이 합세하여 □引っ張る 잡아 끌다, 잡아당기다 □力まかせに 있는 힘껏, 전력을 다하여, 힘을 믿고 마구 □引きずる 질질 끌다, 억지로 끌고 가다 □階子段 사다리 모양의 계단 □受け持ち 담임, 담당, 담당자 □やがて 곧, 머지않아 □ノックする 노크하다 □戸をたたく 문을 두드리다, 노크하다 ■ ~ほど~ない ~만큼 ~한 것은 없다 〈タバコの煙(けむり)ほど嫌なものはない 담배 연기만큼 싫은 것은 없다〉 □またとない 다시없는, 둘도 없는 □書きものをする 글을 쓰다 □どやどや(と) 여럿이 떼를 지어 소란스럽게 드나드는 모양, 우르르, 와

首の所でぶつりと切った髪の毛を右の手で撫であげながら、いつもの通りのやさしい顔をこちらに向けて、ちょっと首をかしげただけで何の御用というふうをしなさいました。そうするとよく出来る大きな子が前に出て、僕がジムの絵具を取ったことを詳しく先生に言いつけました。先生は少し曇った顔付きをして真面目にみんなの顔や、半分泣きかかっている僕の顔を見くらべていなさいましたが、僕に、「それは本当ですか。」と、聞かれました。本当なんだけれども、僕がそんないやな奴だということをどうしても僕の好きな先生に知られるのがつらかったのです。だから僕は答える代りに本当に泣き出してしまいました。

先生はしばらく僕を見つめていましたが、やがて生徒達に向って静かに、

□ぶつりと切る 싹둑 자르다 □撫であげる(撫で上げる) (머리 따위를) 매만져 위로 올리다 □～に向ける ~로 향하다 □首をかしげる(傾げる) 고개를 갸웃거리다 □用 용무, 볼일 □詳しい 자세하다, 상세하다 □言いつける 일러바치다, 고자질하다 □曇る (마음이) 어두워지다, 흐리다 □顔付きをする 얼굴 표정을 짓다 □泣きかかる 울먹거리다, 울려고 하다 □奴 녀석, 놈 □しばらく 얼마 동안, 당분간, 잠시, 잠깐 □見つめる 응시하다, 주시하다 □～に向って ~을 향하여

「もういってもようございます。」

といって、みんなを帰(かえ)してしまわれました。生徒達は少し物足(ものた)らなそうにどやどやと下に降(お)りていってしまいました。

先生は少しの間(あいだ)なんとも言わずに、僕の方も向かずに自分の手の爪(つめ)を見つめていましたが、やがて静かに立って来て、僕の肩(かた)の所を抱(だ)きすくめるようにして、

「絵具はもう返(かえ)しましたか。」

と、小さな声でおっしゃいました。僕は返したことをしっかり先生に知ってもらいたいので深々(ふかぶか)とうなずいて見せました。

「あなたは自分のしたことをいやなことだったと思っていますか。」

もう一度そう先生が静かにおっしゃった時には、僕はもうたまりませんでした。ぶるぶると震えてしかたがない唇(くちびる)を、

□～てもようござる ~해도 좋다 =～てもいいです □帰す 돌려보내다, 돌아가게 하다 □物足らない 뭔가 아쉽다, 뭔가 부족하다 =ものたりない □なんとも言わずに 아무 말도 하지 않고 □向く 향하다, (몸 · 얼굴을) 돌리다, 보다 □抱きすくめる 부둥켜 안다, 꽉 껴안다 □返す 돌려주다, 되돌려놓다 □しっかり 확실히, 정확히 □深々と 깊이, 깊숙이, 푹 □うなずく 수긍하다, 고개를 끄덕이다 ■～てしかたがない (동사 て형에 붙어) ~하여 어쩔 수가 없다 〈昨日夜遅くまで起きていたため眠(ねむ)くてしかたがない 어젯밤 늦게까지 자지 않고 있었더니 졸려서 어쩔 수가 없다〉

噛(か)みしめても噛みしめても泣(な)き声(ごえ)が出て、目からは涙(なみだ)がむやみに流れて来るのです。もう先生に抱かれたまま死(し)んでしまいたいような心持ちになってしまいました。

「あなたはもう泣くんじゃない。よくわかったらそれでいいから泣くのをやめましょう、ね。次(つぎ)の時間には教場に出ないでもよろしいから、私(わたくし)のこのお部屋にいらっしゃい。静かにしてここにいらっしゃい。私が教場から帰るまでここにいらっしゃいよ。いい？」

と、おっしゃりながら僕を長椅子(ながいす)に座らせて、その時また勉強(べんきょう)の鐘が鳴ったので、机(つくえ)の上の書物(しょもつ)を取(と)り上(あ)げて、僕の方を見ていられましたが、二階の窓(まど)まで高く這(は)い上(あ)がった葡萄蔓(づる)から、一房の西洋葡萄をもぎって、しくしくと泣きつづけていた僕の膝(ひざ)の上にそれをおいて静かに部屋を出て行きなさいました。

□噛みしめる 꽉 깨물다, 악물다　□泣き声 울음소리　□むやみに 마구, 무턱대고　□抱く (품에) 안다　■ ～まま (동사 た형, 명사の에 붙어) ~한 채, ~한 대로 〈鍋(なべ)を火にかけたまま出かけてしまったことがある 냄비를 불에 올려놓은 채 외출한 적이 있다〉　□よろしい 좋다, 괜찮다 〈よい의 공손한 표현〉　□長椅子 긴 의자　□書物 책, 노트　□這い上がる 기어오르다　□蔓(つる) 덩굴 〈葡萄蔓 포도 덩굴〉　□もぎる 비틀어 따다, 잡아떼다

三

一時(いちじ)がやがやとやかましかった生徒達はみんな教場に入って、急にしんとするほどあたりが静かになりました。僕は淋しくって淋しくってしようがないほど悲しくなりました。あの位(くらい)好きな先生を苦(くる)しめたかと思うと僕は本当に悪いことをしてしまったと思いました。葡萄などはとても食べる気になれないでいつまでも泣いていました。

ふと僕は肩を軽くゆすぶられて目をさましました。僕は先生の部屋でいつの間(ま)にか泣き寝入(ねい)りをしていたと見えます。少し瘦(や)せて背(せい)の高い先生は笑顔(えがお)を見せて僕を見おろしていられました。僕は眠(ねむ)ったために気分がよくなって今まであった

□一時 한때, 잠시, 잠깐 □がやがや 시끄럽게 떠드는 모양, 와글와글, 왁자지껄, 시끌시끌 □やかましい 시끄럽다 □しんと 소리 하나 없이 조용한 모양, 잠잠히, 쥐 죽은 듯이 □あたり(辺り) 주변, 주위 □～てしようがない ~해서 어쩔 수가 없다 =～てしかたがない □苦しめる 괴롭히다, 고통을 주다, 시달리게 하다, 걱정시키다 ■～かと思うと (동사 기본형 · た형에 붙어, 그렇다고 생각했는데 실제는 그렇지 않은 상황을 나타냄) ~하는 듯 싶더니, ~라고 생각했더니 〈宿題をしていたかと思うと、テレビを見ていた 숙제를 하고 있었다고 생각했더니 텔레비전을 보고 있었다〉 □ゆすぶる(揺すぶる) 흔들다, 동요시키다 □目をさます 눈을 뜨다, 잠에서 깨다 □泣き寝入りをする 울면서 잠들다 □笑顔を見せる 웃는 얼굴을 보이다 □見おろす(見下ろす) 내려다보다 □眠る 자다, 잠들다 □～たために (동사 た형 뒤에 연결되어, 어떤 일의 원인이나 이유를 나타냄) ~한 덕분에, ~한 탓으로

ことは忘れてしまって、少し恥ずかしそうに笑いかえしながら、慌てて膝の上からすべり落ちそうになっていた葡萄の房をつまみ上げましたが、すぐ悲しいことを思い出して笑いも何も引っ込んでしまいました。

「そんなに悲しい顔をしないでもよろしい。もうみんなは帰ってしまいましたから、あなたはお帰りなさい。そして明日はどんなことがあっても学校に来なければいけませんよ。あなたの顔を見ないと私は悲しく思いますよ。きっとですよ。」

□恥ずかしい 창피하다, 쑥스럽다 □笑いかえす 함께 웃어 주다, 따라서 웃다 □すべり落ちる(滑り落ちる) 미끄러져 떨어지다 □つまみ上げる 잡아 올리다, 집어 올리다 □引っ込む 쑥 들어가다, 틀어박히다, 움푹 꺼지다

そういって先生は僕のカバンの中にそっと葡萄の房を入(い)れて下(くだ)さいました。僕はいつものように海岸通(かいがんどお)りを、海を眺(なが)めたり船(ふね)を眺めたりしながらつまらなく家(いえ)に帰りました。そして葡萄をおいしく食べてしまいました。

けれども次の日が来ると僕はなかなか学校に行く気にはなれませんでした。お腹(なか)が痛(いた)くなればいいと思ったり、頭痛(ずつう)がすればいいと思ったりしたけれども、その日に限って虫歯(むしば)一本痛みもしないのです。しかたなしにいやいやながら家(いえ)は出ましたが、ぶらぶらと考えながら歩きました。どうしても学校の門(もん)を入ることはできないように思われたのです。

□つまらない 재미없다, 심심하다, 따분하다 □頭痛がする 두통이 나다 □虫歯 충치 □痛み 아픔, 통증 □しかたなしに 어쩔 수 없이 □いやいやながら (속으로는 싫어도) 하는 수 없이, 마지못해서 □ぶらぶらと 어슬렁어슬렁, 빈둥빈둥

けれども先生の別(わか)れの時の言葉を思い出すと、僕は先生の顔だけはなんといっても見たくてしかたがありませんでした。僕が行かなかったら先生はきっと悲しく思われるにちがいない。もう一度先生のやさしい目で見られたい。ただその一事(ひとこと)があるばかりで僕は学校の門をくぐりました。

そうしたらどうでしょう、まず第一(だいいち)に待(ま)ち切(き)っていたようにジムが飛んで来て、僕の手を握(にぎ)ってくれました。そして昨日のことなんか忘れてしまったように、親切(しんせつ)に僕の手をひいてどぎまぎしている僕を先生の部屋に連れて行くのです。僕はなんだか訳(わけ)がわかりませんでした。学校に行ったらみんなが遠(とお)くの方から僕を見て「見ろ泥棒(どろぼう)の嘘(うそ)つきの日本人が来た」とでも悪口(わるくち)を言うだろうと思っていたのにこんなふうにされると気味が悪いほどでした。

□別れ 헤어짐, 이별 □なんといっても 뭐라고 해도, 뭐니 뭐니 해도 □一事 한 가지 일 □くぐる(潜る) (곤란한 환경 등을) 뚫고 나가다, 들어가다, (몸을 구부리고) 빠져나가다 □第一に 제일 먼저 □待ち切る 끝까지 기다리다, 애타게 기다리다 □手をひく 손을 끌다 □どぎまぎする (뜻밖의 일에) 당황하다, 허둥지둥거리다 □訳 이유, 까닭, 사정

二人の足音(あしおと)を聞(き)きつけてか、先生はジムがノックしない前に、戸を開けて下さいました。二人は部屋の中に入りました。

「ジム、あなたはいい子、よく私(わたくし)の言ったことがわかってくれましたね。ジムはもうあなたからあやまってもらわなくってもいいと言っています。二人は今からいいお友達になればそれでいいんです。二人とも上手(じょうず)に握手(あくしゅ)をなさい。」

と、先生はにこにこしながら僕達を向(む)かい合(あ)わせました。僕はでもあんまり勝手過(かってす)ぎるようでもじもじしていますと、ジムはいそいそとぶら下(さ)げている僕の手を引っ張り出して堅(かた)く握(にぎ)ってくれました。僕はもうなんといってこの嬉(うれ)しさを表(あらわ)せばいいのかわからないで、ただ恥ずかしく笑うほかありませんでした。ジムも気持ちよさそうに、笑顔(えがお)をしていました。

□足音 발소리 □聞きつける 소리가 났음을 깨닫다, 우연히 들어서 알다, 들어서 귀에 익다 □あやまる(謝る) 사과하다 □握手 악수 □にこにこする 싱글벙글하다, 생글생글 웃다 □向かい合わせる 서로 마주보게 하다 □勝手過ぎる 너무 제멋대로이다 □もじもじする 머뭇머뭇하다, 주저주저하다 □いそいそと 기쁨에 마음이 들떠서 행동하는 모양, 마음도 가볍게, 신명이 나서, 부랴부랴, 서둘러서 □ぶら下げる 늘어뜨리다 □引っ張り出す 끌어내다, 꺼내다 □嬉しさ 기쁨, 감사함 □表す 표현하다, 나타내다 ■~ほかない (동사 기본형에 붙어, 그 외에 다른 방법이 없어 그렇게 할 수밖에 없는 상황임을 나타냄) ~할 수밖에 없다 〈私の立場(たちば)では、我慢(がまん)するほかない 내 입장에서는 참을 수밖에 없다〉

先生はにこにこしながら僕に、

「昨日の葡萄はおいしかったの。」

と、問(と)われました。僕は顔を真っ赤にして「ええ。」と白状(はくじょう)するよりしかたがありませんでした。

「そんならまたあげましょうね。」

そういって、先生は真っ白(ましろ)なリンネルの着物(きもの)につつまれた体を窓からのび出させて、葡萄の一房をもぎ取(と)って、真っ白い左(ひだり)の手の上に粉(こ)のふいた紫色(むらさきいろ)の房を乗(の)せて、細長(ほそなが)い銀色(ぎんいろ)の鋏(はさみ)で真ん中(まんなか)からぷつりと二つに切(き)って、ジムと僕とに下さいました。真っ白い手の平(ひら)に紫色の葡萄の粒(つぶ)が重(かさ)なって乗っていたその美しさを僕は今でもはっきりと思い出すことができます。

□問う 질문하다, 묻다 □白状する 자백하다 ■~よりしかたがない (동사 기본형 뒤에 붙어, 본의 아니게 그렇게 할 수밖에 없는 상황임을 나타냄) ~하는 수밖에 없다 〈上司(じょうし)の指示(しじ)に従(したが)うよりしかたがない 상사의 지시에 따르는 수 밖에 없다〉 □リンネル 리넨: 아마 실로 짠 얇은 직물을 통틀어 이르는 말, 아마포 □つつむ(包む) 싸다, 두르다, 둘러싸다, 에워싸다 □のび出す 뻗어 내밀다 □もぎ取る 비틀어 따다, 잡아떼다 □粉 분, 가루 〈粉がふく 분이 돋다, 가루가 나오다〉 □鋏 가위 □手の平 손바닥 □粒 낱알, 알 □重なる 포개어지다, 쌓이다, 거듭되다

僕はその時から前より少しいい子になり、少しはにかみ屋でなくなったようです。

それにしても僕の大好きなあのいい先生はどこに行かれたでしょう。もう二度とは会えないと知りながら、僕は今でもあの先生がいたらなあと思います。秋になるといつでも葡萄の房は紫色に色づいて美しく粉をふきますけれども、それを受けた大理石のような白い美しい手はどこにも見つかりません。

□**はにかみ屋** 부끄럼쟁이 =恥ずかしがり屋 □**それにしても** 그건 그렇다 하더라도 □**色づく** (나뭇잎이나 열매 등이) 물들다 □**大理石** 대리석

작가 소개

夏目漱石(なつめ そうせき, 1867~1916)

東京(とうきょう) 출생으로 5남 3녀 중 막내로 태어났으며, 본명은 夏目金之助(なつめきんのすけ)이다. 東京帝国大学(とうきょうていこくだいがく) 영문과를 졸업한 후, 중학교에서 교사 생활을 하다 1900년 일본 문부성 제1회 국비 유학생으로 선발되어 2년간 영국에서 유학 생활을 하였다. 유학에서 돌아와 東京帝国大学 강사로 재직하던 중 문예지에 발표한 처녀작 「吾輩(わがはい)は猫(ねこ)である(1905년)」가 호평을 받으면서 작가로서의 생활을 시작하게 되었다.

흥미로운 사실은 그의 처녀작은 그가 20대 중반에 걸린 신경쇠약을 치료하기 위한 목적으로 쓰여졌다는 것이다. 1906년에는 중학교 교사 시절을 소재로 쓴 「坊(ぼ)っちゃん」을 발표했으며, 1907년 朝日新聞(あさひしんぶん)에 입사하면서 본격적인 작품 활동에 들어갔다. 그 후 「三四郎(さんしろう)(1908년)」「それから(1909년)」「こころ(1914년)」 등의 명작을 남겼다. 일본 근대 문학을 대표하는 작가인 그는 1916년 12월 9일 위궤양 악화로 세상을 떠났다.

작품 소개

文鳥

1908년 『朝日新聞』에 연재된 작품으로, 夏目漱石 작품 중에서는 비교적 분량이 짧다고 할 수 있다. 내용도 신변에서 소재를 취해 집필한, 말 그대로 수필적 색채를 띠고 있는 작품이다.

文鳥(ぶんちょう)에 제시된 夏目漱石의 현재는 '절간 같은 서재'에서 오로지 혼자 일과처럼 매일 소설을 쓰고 있는 것으로 제시되어 있다. 그 주변에는 사람도 가까이 오지 않는다. 그 한적한 공간으로 들어온 것이 바로 文鳥이다. 따라서 文鳥는 그의 고독하면서도 절제된 모습을 함께 공유하는 존재이기도 하다.

그는 스스로 게으름을 피운다고 하지만, 아침저녁으로 정성을 다하여 文鳥에게 모이를 주고 물을 준다. 그리고 '치치' 혹은 '치요치요'하고 우는 文鳥의 소리, 물을 소중하게 먹는 모습, 목욕하는 모습 등을 애정 어린 눈으로 아주 세세하게 관찰하며 묘사하고 있다. 더구나 고개를 갸웃거리는 文鳥의 모습이나 눈을 찡그리는 모습에서 '예전에 알았던 여자'까지 떠올리고 있다. 이미 文鳥는 그에게 있어서 한날 미물에 그치지 않고 과거로 이어주는 역할까지 하고 있는 것이다. 文鳥의 죽음이 분노, 슬픔으로 다가오는 것은 어찌 보면 당연한 일이다.

文鳥(ぶんちょう)

夏目漱石(なつめそうせき)

十月早稲田(わせだ)に移(うつ)る。伽藍(がらん)のような書斎(しょさい)にただ一人、片(かた)づけた顔を頬杖(ほおづえ)で支(ささ)えていると、三重吉(みえきち)*が来て、鳥(とり)をお飼(か)いなさいと言う。飼ってもいいと答(こた)えた。しかし念(ねん)のためだから、何を飼うのかねと聞いたら、文鳥(ぶんちょう)ですという返事(へんじ)であった。

□**文鳥** 문조 〈몸 길이 13cm 정도의 참샛과 새로, 기르기 쉽고 사람을 잘 따름〉 □**移る** 옮기다, 이동하다 □**伽藍** 가람, 절의 큰 건물 □**書斎** 서재 □**ただ一人** 단지 혼자, 오직 홀로 □**頬杖** 팔꿈치를 세우고 손바닥으로 볼을 굄 □**支える** 받치다, 떠받치다, 지탱하다 □**飼う** 기르다, 사육하다 □**念のため** (틀림없겠지만) 확인하기 위해, 만약을 위해서

* **三重吉** 鈴木三重吉(すずき みえきち, 1882~1936). 広島(ひろしま)현 출신의 소설가이자 아동문학가로, 섬세하고 낭만적인 작풍으로 평가받았다. 東京帝国大学 재학 중 漱石에게 보낸 「千鳥(ちどり)」가 그의 추천을 받아 잡지에 실리게 된 것을 계기로 漱石에게 사사했다. 아동 문예잡지 「赤い鳥(あかいとり)」를 창간했다.

文鳥は三重吉の小説(しょうせつ)に出て来るくらいだから奇麗(きれい)な鳥にちがいなかろうと思って、じゃ買ってくれたまえと頼(たの)んだ。ところが三重吉は是非(ぜひ)お飼いなさいと、同(おな)じような事(こと)を繰(く)り返(かえ)している。うむ買うよ買うよとやはり頬杖をついたままで、むにゃむにゃ言ってるうちに三重吉は黙(だま)ってしまった。おおかた頬杖に愛想(あいそ)を尽(つ)かしたんだろうと、この時始(はじ)めて気がついた。

すると三分(さんぷん)ばかりして、今度(こんど)は籠(かご)をお買いなさいと言いだした。これもよろしいと答えると、是非お買いなさいと念(ねん)を押(お)す代(かわ)りに、鳥籠(とりかご)の講釈(こうしゃく)を始めた。その講釈はだいぶ込(こ)み入(い)ったものであったが、気(き)の毒(どく)な事に、みんな忘れてしまった。

□ところが 그런데, 그러나 □是非 꼭, 반드시, 제발 □繰り返す 되풀이하다, 반복하다 □頬杖をつく 턱을 괴다 ■~ままで (동사 た형 · 부정형에 붙어, 어떤 상황이 유지된 채 다른 상황이 일어나는 경우를 나타냄) ~한 채로 〈あまりにも眠(ねむ)くて、コートを着たままで寝てしまった 너무 졸려서 코트를 입은 채로 잠들고 말았다〉 □むにゃむにゃ 뜻 모를 소리를 입속에서 중얼대는 모양, 중얼중얼, 우물쭈물 □おおかた(大方) 아마, 틀림없이, 대개 =おそらく □愛想を尽かす 정나미가 떨어지다, 상대방이 싫어지다 □する (시간이) 지나다, 경과하다 □籠 바구니, 소쿠리 □念を押す 다짐하다, 확인하다 □鳥籠 새장 □講釈 강석:강론하여 뜻을 풀이함 □込み入る 복잡하게 얽히고설키다, 뒤얽히다 □気の毒 딱함, 불쌍함, 안됨, 가엾음 ■~事に (동사 た형, い형용사 기본형, な형용사な에 붙어, 말하는 사람의 감정을 나타냄) ~하게도 〈嬉(うれ)しい事に 기쁘게도 | 親切なことに 친절하게도〉

ただいいのは二十円ぐらいするという段(だん)になって、急(きゅう)にそんな高価(たかい)のでなくってもよかろうと言っておいた。三重吉はにやにやしている。

それから全体(ぜんたい)どこで買うのかと聞いて見ると、なにどこの鳥屋(とりや)にでもありますと、実(じつ)に平凡(へいぼん)な答(こたえ)をした。籠はと聞(き)き返(かえ)すと、籠ですか、籠はその何ですよ、なにどこにかあるでしょう、とまるで雲(くも)をつかむような寛大(かんだい)な事を言う。でも君あてがなくっちゃいけなかろうと、あたかもいけないような顔をして見せたら、三重吉は頬(ほっ)ぺたへ手をあてて、何(なん)でも駒込(こまごめ)に籠の名人(めいじん)があるそうですが、年寄(としよ)りだそうですから、もう死んだかも知れませんと、非常(ひじょう)に心細(こころぼそ)くなってしまった。

□～段になって ~단계(국면 · 사태 · 경우)에 이르러 □にやにやする 히죽히죽 웃다, 히죽거리다, 능글맞게 웃다 □全体 도대체 ＝一体(いったい) □鳥屋 새를 파는 가게, 새 판매상 □平凡 평범(함) □答をする 대답을 하다 □聞き返す 되묻다, 반문하다 □まるで～ようだ 마치 ~같다 □雲をつかむ 뜬구름을 잡다 〈つかむ 잡다, 움켜쥐다〉 □寛大 관대, 너그러움 □あて(当て) 기대, 의지, 전망, 가망 □あたかも 마치, 흡사 □頬ぺた 뺨, 볼 □手をあてる(当てる) 손을 대다 □何でも 확실히는 모르나, 어쩌면 □駒込 도쿄 지명으로 현재도 豊島区(としまく)에 존재한다 □名人 명인, 달인 □非常に 상당히, 매우 □心細い 의지할 데가 없어 불안하다, 마음이 안 놓이다

何(なに)しろ言いだしたものに責任(せきにん)を負(お)わせるのは当然(とうぜん)の事だから、さっそく万事(ばんじ)を三重吉に依頼(いらい)する事にした。すると、すぐ金(かね)を出せと言う。金はたしかに出した。三重吉はどこで買ったか、七子(ななこ)*の三(み)つ折(おれ)の紙入(かみい)れを懐中(かいちゅう)していて、人の金でも自分の金でも悉皆(しっかい)この紙入れの中に入れる癖(くせ)がある。自分は三重吉が五円札(さつ)をたしかにこの紙入れの底(そこ)へ押(お)し込(こ)んだのを目撃(もくげき)した。

かようにして金はたしかに三重吉の手に落(お)ちた。しかし鳥と籠とは容易(ようい)にやって来(こ)ない。

□何しろ 어쨌든, 여하튼, 아무튼 □責任を負う 책임을 지다 □さっそく(早速) 즉시, 당장 □万事 만사, 모든 일 □依頼する 의뢰하다 ■ ~事にする (동사 기본형 · 부정형에 붙어, 자신의 의지로 어떤 행동을 하기로 결정했음을 나타냄) ~하기로 하다 〈明日からダイエットを始める事にした 내일부터 다이어트를 시작하기로 했다〉 □たしかに(確かに) 확실히, 분명히, 틀림없이 □三つ折 3단 접이 □紙入れ 지갑, (휴지 등을 넣는) 종이쌈지 □懐中する 품속에 지니다, 주머니에 넣다 〈懐中 회중, 주머니 속〉 □悉皆 남김없이, 모두, 전부 □札 지폐 □目撃する 목격하다 □かように 이와 같이, 이렇게 □手に落ちる 손에 들어가다 □容易に 용이하게, 손쉽게 □やって来る 찾아오다, 이리로 다가오다

* **七子** 七子織(ななこお)り의 준말로, 魚子織り라고도 한다. 씨실과 날실 모두 두 올 이상씩 동일하게 올을 넣어 평직으로 짠 견직물의 일종으로, 대나무를 엮어 짠 바구니의 표면 같은 직조를 이룬다.

　そのうち秋が小春になった。三重吉はたびたび来る。よく女の話などをして帰って行く。文鳥と籠の講釈は全く出ない。硝子戸を透して五尺の縁側には日がよく当る。どうせ文鳥を飼うなら、こんな暖かい季節に、この縁側へ鳥籠を据えてやったら、文鳥も定めし鳴きよかろうと思うくらいであった。

　三重吉の小説によると、文鳥は千代千代と鳴くそうである。その鳴き声がだいぶん気に入ったと見えて、三重吉は千代千代を何度となく使っている。あるいは千代という女に惚れていた事があるのかも知れない。しかし当人はいっこうそんな事を言わない。自分も聞いてみない。ただ縁側に日がよく当る。そうして文鳥が鳴かない。

□**そのうち** 일간, 가까운 시일 안에, 그러는 사이에 □**小春** 소춘, 음력 10월의 다른 이름 □**たびたび**(度々) 여러 번, 자주 □**硝子戸** 유리문 □**透す** 틈새 사이로 보이게 하다, 틈새를 내다, 빛을 비추어 속이 비쳐 보이게 하다 □**～尺** ~척, ~자 〈길이를 나타내는 단위로, 1척은 약 30.3cm임〉 □**縁側** 툇마루 □**当る** 닿다, 받다, 쬐다 〈日が当る 해가 비치다, 해가 잘 들다〉 ■**どうせ～(の)なら** 어차피 ~라면, ~한다면, ~했다면 〈どうせやらなければならないのなら、楽しくやりましょう 어차피 해야할 거라면 즐겁게 합시다〉 □**定めし** (뒤에 추측 표현이 와) 반드시, 틀림없이, 아마도 ■**～よい** (동사 ます형에 붙어) ~하기 좋다, ~하기 편하다 〈住みよいマンション 살기 좋은 맨션〉 □**～によると** ~에 의하면, ~에 따르면 □**千代千代** 치요치요 〈새의 울음소리를 한자의 음을 빌어 나타낸 것임〉 □**鳴き声** (새나 동물의) 울음소리 □**だいぶん**(大分) 상당히, 꽤, 어지간히 ＝だいぶ □**気に入る** 마음에 들다 □**何度となく** 몇 번이나 □**あるいは** 혹은, 또는 □**惚れる** 반하다, 넋을 잃다 □**当人** 당사자, 본인 □**いっこう～ない** 조금도 ~않다, 전혀 ~않다

そのうち霜(しも)が降(ふ)り出(だ)した。自分は毎日(まいにち)伽藍(がらん)のような書斎(しょさい)に、寒い顔を片づけてみたり、取(と)り乱(みだ)してみたり、頬杖をついたりやめたりして暮(くら)していた。戸(と)は二重(ふたえ)に締(し)め切(き)った。火鉢(ひばち)に炭(すみ)ばかり継(つ)いでいる。文鳥はついに忘れた。

ところへ三重吉が門口(かどぐち)から威勢(いせい)よく入って来た。時(とき)は宵(よい)の口(くち)であった。寒いから火鉢の上(うえ)へ胸(むね)から上をかざして、浮かぬ顔をわざとほてらしていたのが、急に陽気(ようき)になった。三重吉は豊隆(ほうりゅう)*を従(したが)えている。豊隆はいい迷惑(めいわく)である。二人が籠

□**霜** 서리 □**取り乱す** 어지르다, 흩뜨리다, 허둥대다 □**締め切る** 마감하다, 전부 닫다, 완전히 닫다, 닫은 채로 두다 □**火鉢** 화로 □**炭** 숯, 목탄 □**継ぐ** 첨가하다, 잇다, 계승하다, (해어진 곳을) 깁다 □**ついに**(遂に) 결국, 드디어, 그만 □**門口** 문간, 집의 출입구 □**威勢よく** 위세 좋게, 활기 있게 □**宵の口** 초저녁, 저녁 □**かざす** 펴서 쬐다, 손에 든 것을 머리 위로 올리다, 햇빛을 가리다 □**浮かぬ顔** 근심스러운 얼굴, 침울한 얼굴 □**ほてらす**(熱らす) 뜨거워지게 하다, 달아오르게 하다, (수치심으로) 빨개지게 하다 □**従える** 거느리다, 데리고 가다 □**いい迷惑** 달갑지 않음, 매우 성가심

* **豊隆** 小宮豊隆(こみや とよたか, 1884~1966). 독문학자, 문예 · 연극 평론가. ほうりゅう는 그의 아호(雅号)이다. 漱石에게 사사했으며, 당시 東京帝国大学의 독문과 학생으로 소설 「三四郎(さんしろう)」의 모델로도 알려져 있다.

を一つずつ持(も)っている。その上に三重吉が大きな箱(はこ)を兄(あに)き分(ぶん)に抱(かか)えている。五円札が文鳥と籠と箱になったのはこの初冬(はつふゆ)の晩(ばん)であった。

三重吉は大得意(だいとくい)である。まあご覧(らん)なさいと言う。豊隆その洋灯(ランプ)をもっとこっちへ出せなどと言う。そのくせ寒いので鼻の頭(あたま)が少し紫色(むらさきいろ)になっている。

なるほど立派(りっぱ)な籠ができた。台(だい)が漆(うるし)で塗(ぬ)ってある。竹(たけ)は細(ほそ)く削(けず)った上に、色(いろ)がつけてある。それで三円だと言う。安いなあ豊隆と言っている。豊隆はうん安いと言っている。自分は安いか高いか判然(はんぜん)とわからないが、まあ安いなあと言っている。いいのになると二十円もするそうですと言う。二十円はこれで二返目(にへんめ)である。二十円に比べて安いのは無論(むろん)である。

□兄き分 형님처럼 받드는 사람, 형뻘 □抱える 안다, 껴안다 □初冬 초동, 초겨울 □大得意 매우 의기양양함 □洋灯 램프 □漆 옻나무 □削る 깎다 □～上に (동사 보통형에 붙어, 그 이상의 어떤 상태가 더 있음을 나타냄) ~위에 □～か～か ~인지 ~인지, ~인가 ~인가 □判然と 분명히, 확실하게 □～もする (가격 · 크기 · 부피 등이) ~나 하다, ~나 나간다 □～返目 ~번째 =～番目 □～に比べて ~와 비교하여 □無論 물론

この漆はね、先生、日向（ひなた）へ出して曝（さら）しておくうちに黒味（くろみ）が取れてだんだん朱（しゅ）の色が出て来ますから、——そうしてこの竹は一返（いっぺん）よく煮（に）たんだから大丈夫（だいじょうぶ）ですよなどと、しきりに説明（せつめい）をしてくれる。何が大丈夫なのかねと聞き返（きかえ）すと、まあ鳥をご覧なさい、奇麗（きれい）でしょうと言っている。

なるほど奇麗だ。次（つぎ）の間（ま）へ籠を据（す）えて四尺ばかりこっちから見ると少しも動（うご）かない。薄暗（うすぐら）い中に真っ白に見える。籠の中にうずくまっていなければ鳥とは思えないほど白い。何だか寒そうだ。

寒いだろうねと聞いてみると、そのために箱を作ったんだと言う。夜になればこの箱に入れてやるんだと言う。籠が二つあるのはどうするんだと聞くと、この粗末（そまつ）な方（ほう）へ入れて

□**日向** 양지, 양달　□**曝す** (습기를 없애기 위해) 햇볕에 쬐다, 바람을 쐬다, 표백하다　□**黒味** 검은빛, 거무스름한 느낌, 검은 부분　□**取れる** 없어지다, 사라지다, 떨어지다　□**朱の色** 붉은색　□**一返** 한 번　□**煮る** 삶다, 끓이다　□**しきりに** 자꾸만, 끊임없이, 계속해서　□**間** (집의) 방　□**据える** 자리잡아 놓다, 설치하다, 고정시키다　□**うずくまる** 웅크리다, 쪼그리고 앉다　□**粗末** (품질 등이) 변변치 못함, 허술함

時々行水(ぎょうずい)を使(つか)わせるのだと言う。これは少し手数(てすう)が掛(かか)るなと思っていると、それから糞(ふん)をして籠を汚(よご)しますから、時々掃除(そうじ)をしておやりなさいとつけ加(くわ)えた。三重吉は文鳥のためにはなかなか強硬(きょうこう)である。

それをはいはい引(ひ)き受(う)けると、今度は三重吉が袂(たもと)から粟(あわ)を一袋(ひとふくろ)出した。これを毎朝(まいあさ)食(く)わせなくっちゃいけません。もし餌(え)をかえてやらなければ、餌壺(えつぼ)を出して殻(から)だけ吹(ふ)いておやんなさい。そうしないと文鳥が実(み)のある粟を一々拾(ひろ)い出さなくっちゃなりませんから。水(みず)も毎朝かえておやんなさい。先生は寝坊(ねぼう)だからちょうどいいでしょうと大変文鳥に親切(しんせつ)を極(きわ)めている。

□**行水を使う** 대야 물로 간단히 몸을 씻다 〈行水 대야 물로 간단히 몸을 씻는 일 또는 그 물〉 □**手数が掛る** 수고가 들다, 공이 들다 □**糞** (동물의) 똥, 분 〈糞をする 똥을 누다〉 □**汚す** 더럽히다 □**つけ加える** 덧붙이다, 첨가하다, 곁들이다 □**強硬** 강경 □**引き受ける** 책임지고 떠맡다, 보증하다, 인수하다 □**粟** 조, 좁쌀 □**~袋** ~봉지, ~주머니, ~자루 □**もし~ば** 만약 ~라면, 만일 ~한다면 □**餌** 모이, 먹이 □**かえる** (새것으로) 바꾸다, 갈다 □**餌壺** 모이통, 모이 그릇 □**殻** 껍질, 껍데기 □**おやんなさい** 하세요 〈おやりなさい의 회화체 표현〉 □**一々** 각각, 각자, 제각기 □**拾い出す** 골라내다, 찾아내다 □**寝坊** 잠꾸러기, 늦잠 □**極める** 다하다, 더할 나위 없이 ~하다, 극도로 ~하다

そこで自分もよろしいと万事受け合った。ところへ豊隆が袂から餌壺と水入れを出して行儀よく自分の前に並べた。こういっさい万事を調えておいて、実行をせまられると、義理にも文鳥の世話をしなければならなくなる。内心ではよほどおぼつかなかったが、まずやってみようとまでは決心した。もしできなければ家のものが、どうかするだろうと思った。

やがて三重吉は鳥籠を丁寧に箱の中へ入れて、縁側へ持ち出して、ここへ置きますからと言って帰った。自分は伽藍のような書斎の真ん中に床を展べて冷やかに寝た。夢に文鳥を背負い込んだ心持ちは、少し寒かったが眠ってみれば不断の夜のごとく穏やかである。

□そこで 그래서, 그러므로 □受け合う 보증하다, 책임지고 맡다, 약속하다 □ところへ ~하려는 참에, 그때에, 마침 □水入れ 물통 □行儀 예의범절, 예절 □いっさい万事 일체, 전부, 모든 일 □調える 갖추다, 준비하다 □せまる 강요하다, 다그치다, 몹시 재촉하다 □義理にも 체면상으로도, 헛말로도, 본심은 아니라도 □よほど 상당히, 무척, 어지간히 □おぼつかない 불안하다, 미덥지 못하다 □家のもの 집안 사람 〈여기서는 고용인을 가리킴〉 □丁寧に 주의 깊고 세심하게, 소중하게, 자상하게 □持ち出す 들고 나가다, 들어내다 □床を展べる 이부자리를 펴다 □冷やかに 싸늘하게, 썰렁하게 □背負い込む 떠맡다, 떠안다 □眠る 자다, 잠들다 〈ねむる의 옛말〉 □不断 평소, 일상 □穏やか 평온함, 안온함

翌朝(よくあさ)目が覚(さ)めると硝子戸に日が射(さ)している。たちまち文鳥に餌をやらなければならないなと思った。けれども起(お)きるのが退儀(たいぎ)であった。今にやろう、今にやろうと考えているうちに、とうとう八時過ぎになった。仕方(しかた)がないから顔を洗(あら)うついでをもって、冷(つめ)たい縁(えん)を素足(すあし)で踏(ふ)みながら、箱の蓋を取って鳥籠を明(あか)るみへ出した。文鳥は目をぱちつかせている。もっと早く起きたかったろうと思ったら気の毒になった。

□翌朝 이튿날 아침 □日が射す 햇빛이 비치다, 햇빛이 들어오다 □たちまち 갑자기, 순식간에 □退儀 성가심, 귀찮음, 고단함, 힘듦 〈보통 大儀라고 표기함〉 ■～ついで(に) (동사 보통형, 명사の에 붙어) ~하는 김에, ~하는 길에 〈買い物のついでに、薬屋に寄(よ)った 장을 보는 길에 약국에 들렀다〉 ■～をもって (어떤 일이 행해지는 때를 나타냄) ~때 〈本日(ほんじつ)をもって、退職(たいしょく)することとなりました 오늘 날짜로 퇴직하게 되었습니다〉 □縁 툇마루 □素足 맨발 □蓋を取る 뚜껑을 벗기다, 뚜껑을 열다 □明るみ 밝은 곳, 드러난 곳, 공개된 곳 □目をぱちつかせる 눈을 깜박거리다

文鳥の目は真(ま)っ黒(くろ)である。瞼(まぶた)の周囲(まわり)に細(ほそ)い淡紅色(ときいろ)の絹糸(きぬいと)を縫(ぬ)いつけたような筋(すじ)が入っている。目をぱちつかせるたびに絹糸が急に寄(よ)って一本になる。と思うとまた丸(まる)くなる。籠を箱から出すや否(いな)や、文鳥は白い首(くび)をちょっと傾(かたぶ)けながらこの黒い目を移(うつ)して始めて自分の顔を見た。そうしてちちと鳴いた。

□瞼 눈꺼풀 □淡紅色 연분홍빛, 담홍색 □絹糸 견사, 명주실 □縫いつける (옷이나 천 등에) 다른 천을 대어 꿰매다, 꿰매 붙이다 □筋 힘줄, 혈관 ■～たびに (동사 기본형, 명사の에 붙어) ~때마다 〈この歌を聞くたびに学生時代を思い出す 이 노래를 들을 때마다 학창시절을 떠올린다〉 □寄る 모이다, 다가가다, 접근하다 ■～や否や (동사 기본형에 붙어, 어떤 동작에 이어 바로 다음 동작이 행해지는 것을 나타냄) ~하자마자, ~하기가 무섭게 〈うちに帰るや否や、遊びに出かけた 집에 돌아오기가 무섭게 놀러 나갔다〉 □傾ける 기울이다 〈かたむける의 옛말, 首を傾ける 고개를 기울이다〉 □移す 옮기다, 움직이다

自分は静かに鳥籠を箱の上に据えた。文鳥はぱっと留り木(とまぎ)を離(はな)れた。そうしてまた留り木に乗(の)った。留り木は二本ある。黒味(くろみ)がかった青軸(あおじく)をほどよき距離(きょり)に橋(はし)と渡(わた)して横(よこ)に並べた。その一本を軽く踏まえた足を見るといかにも華奢(きゃしゃ)にできている。細長い薄紅(うすくれない)の端(はた)に真珠(しんじゅ)を削ったような爪(つめ)が着いて、手頃(てごろ)な留り木をうまく抱(かか)え込(こ)んでいる。すると、ひらりと目先(めさき)が動いた。文鳥はすでに留り木の上で方向(むき)を換(か)えていた。しきりに首を左右(さゆう)に傾(かたぶ)ける。傾けかけた首をふと持(も)ち直(なお)して、心持(こころも)ち前へ伸(の)したかと思ったら、白い羽根(はね)がまたちらりと動いた。文鳥の足は向(む)こうの留り木の真ん中あたりに具合(ぐあい)よく落ちた。ちちと鳴く。そうして遠くから自分の顔を覗(のぞ)き込(こ)んだ。

□**ぱっと** 어떤 일이 순식간에 일어나는 모양, 확, 번뜩, 갑자기 □**留り木** 홰:새장이나 닭장 속에 새나 닭이 올라앉을 수 있도록 가로질러 놓은 나무 막대 □**黒味がかる** 검은빛이 나다 □**青軸** 청매 〈매화나무의 일종〉 □**ほどよき** 딱 좋은, 알맞은, 적당한 □**距離** 거리 □**橋と渡す** 다리로 걸치다 □**踏まえる** 힘주어 밟다, 밟아 누르다, 판단의 근거로 삼다, 입각하다 □**いかにも** 자못, 정말로, 매우 □**華奢** (모습이나 모양 등이) 가냘프고 맵시 있음, 섬세하고 잔약함, 연약함 □**薄紅** 엷은 홍색, 담홍색 □**端** 끝 부분, 가장자리 □**真珠** 진주 □**手頃** (자기 능력이나 조건에) 알맞음, 어울림, 적당함 □**抱え込む** 껴안다, 부둥켜안다, (겨드랑이에) 끼다 □**ひらりと** 휙, 훌쩍, 날쌔게 □**目先** 눈앞 □**方向を換える** 방향을 바꾸다 □**持ち直す** 바꾸어 들다, 고쳐 잡다 〈~直す (동사 ます형에 붙어) 새롭게 다시 ~하다〉 □**心持ち** (부사로) 아주 조금, 약간 □**伸す** 늘이다, 늘여서 펴다 ■**~かと思ったら** (말하는 사람이 의아하게 생각하여 살피고 있는 상황을 나타냄) ~라고 생각했더니 〈何を書いているのかと思ったら、犬を描いていた 무얼 쓰고 있나 했더니 개를 그리고 있었다〉 □**羽根** 날개 □**ちらりと** 흘끗, 슬쩍, 잠깐 □**向こう** 맞은편, 건너편 □**具合** (어떤 일의) 형편, 상태, 모양새 〈具合よく 보기 좋게〉 □**覗き込む** 목을 길게 빼어 들여다보다, 얼굴을 가까이 들이밀고 보다

自分は顔を洗いに風呂場(ふろば)へ行った。帰りに台所(だいどころ)へ廻(まわ)って、戸棚(とだな)を開(あ)けて、昨夕(ゆうべ)三重吉の買って来てくれた粟の袋を出して、餌壺の中へ餌を入れて、もう一つには水を一杯入れて、また書斎の縁側へ出た。

三重吉は用意周到(よういしゅうとう)な男で、昨夕丁寧に餌をやる時の心得(こころえ)を説明して行った。その説(せつ)によると、むやみに籠の戸を明(あ)けると文鳥が逃(に)げ出(だ)してしまう。だから右(みぎ)の手で籠の戸を明けながら、左の手をその下へあてがって、外から出口(でぐち)を塞(ふさ)ぐようにしなくっては危険(きけん)だ。餌壺を出す時も同じ心得でやらなければならない。とその手つきまでして見せたが、こう両方(りょうほう)の手を使って、餌壺をどうして籠の中へ入れる事ができるのか、つい聞いておかなかった。

自分はやむをえず餌壺を持ったまま手の甲(こう)で籠の戸をそろりと上へ押(お)し上(あ)げた。同時(どうじ)に左の手で開(あ)いた口をすぐ塞いだ。

□風呂場 목욕탕, 욕실 □廻る 돌아가다 □戸棚を開ける 찬장을 열다 □昨夕 어젯밤 □用意周到 용의주도 □心得 (알아두어야 할) 사항, 마음가짐, 요령, 수칙 □逃げ出す 도망치다, 달아나다 □あてがう (딱 맞게) 대다, 붙이다 □塞ぐ 막다, 가로막다, 틀어막다 □危険 위험 □手つき 손놀림, 손짓 □やむをえず 부득이하게, 어쩔 수 없이 □手の甲 손등 □そろりと 살살, 슬슬, 조용히, 천천히 □押し上げる 밀어 올리다, 들어올리다

鳥はちょっと振り返った。そうして、ちちと鳴いた。自分は出口を塞いだ左の手の処置(しょち)に窮(きゅう)した。人の隙(すき)を窺(うかが)って逃(に)げるような鳥とも見えないので、何となく気の毒になった。三重吉は悪い事を教えた。

大きな手をそろそろ籠の中へ入れた。すると文鳥は急に羽搏(はばたき)を始めた。細く削(けず)った竹の目から暖かいむく毛(げ)が、白く飛(と)ぶほどに翼(つばさ)を鳴らした。自分は急に自分の大きな手がいやになった。粟の壺(つぼ)と水の壺を留り木の間(あいだ)にようやく置くや否や、手を引(ひ)き込(こ)ました。籠の戸ははたりとひとりでに落ちた。文鳥は留り木の上に戻(もど)った。白い首を半(なか)ば横に向(む)けて、籠の外にいる自分を見(み)上(あ)げた。それから曲(ま)げた首を真(ま)っ直(すぐ)にして足の下(もと)にある粟と水を眺(なが)めた。自分は食事(しょくじ)をしに茶(ちゃ)の間(ま)へ行った。

□振り返る 뒤돌아보다, 회고하다 □処置 처치, 조치 □窮す 궁하다, 막히다, 곤란해지다 □隙 틈, 빈틈 □窺う 엿보다, 기회를 노리다 □逃げる 도망가다 □そろそろ 슬슬, 천천히 □羽搏 날개를 침 또는 그 소리 □竹の目 대나무의 마디 □むく毛 길고 복슬복슬한 털 □翼を鳴らす 날개를 퍼덕거리다 □壺 항아리, 단지 □~間 (공간적 · 시간적인) ~사이에, ~간에 □ようやく 겨우, 가까스로, 간신히 □引き込む 끌어들이다, 끌어넣다 □はたりと 가벼운 물건이 떨어지거나 부딪혀 나는 소리, 탁, 톡, 툭 □半ば 절반, 반 정도 □見上げる 올려다보다, 쳐다보다 □足の下 발밑 □茶の間 거실

その頃は日課(にっか)として小説を書いている時分(じぶん)であった。飯(めし)と飯の間(あいだ)はたいてい机(つくえ)に向(む)かって筆(ふで)を握(にぎ)っていた。静かな時は自分で紙(かみ)の上を走(はし)るペンの音(おと)を聞く事ができた。伽藍のような書斎へは誰も入って来ない習慣(しゅうかん)であった。筆の音に淋(さび)しさと言う意味(いみ)を感じた朝(あさ)も昼(ひる)も晩(ばん)もあった。しかし時々はこの筆の音がぴたりとやむ、またやめねばならぬ、折(おり)もだいぶあった。その時は指(ゆび)の股(また)に筆を挟(はさ)んだまま手の平(ひら)へ顎(あご)を載(の)せて硝子越(ご)しに吹(ふ)き荒(あ)れた庭(にわ)を眺めるのが癖(くせ)であった。それが済(す)むと載せた顎を一応(いちおう)撮(つま)んで見る。それでも筆と紙がいっしょにならない時は、撮んだ顎を二本の指で伸(の)して見る。すると縁側で文鳥がたちまち千代千代(ちよちよ)と二声(ふたこえ)鳴いた。

□**日課** 일과 □**〜として** (자격이나 입장을 나타냄) ~로서 □**時分** 대체적인 시기 · 시각, 무렵, 시절 □**筆** 붓, 만년필 · 펜 등 필기구의 총칭 □**ぴたりと** 갑자기 멎는 모양, 딱, 뚝 □**やむ** 그만두다, 멈추다 □**折** 때 =時(とき) □**指の股** 손가락과 손가락 사이 갈라진 곳 □**挟む** 끼우다 □**〜越に** ~너머로 〈眼鏡(めがね)越に 안경 너머로〉 □**吹き荒れる** 바람이 거칠게 불어대다 □**庭** 마당, 정원 □**一応** 일단 □**撮む** (손가락으로) 집다, 잡다 □**二声鳴く** 두 번 울다

筆を擱(お)いて、そっと出て見ると、文鳥は自分の方を向いたまま、留り木の上から、のめりそうに白い胸を突(つ)き出(だ)して、高く千代と言った。三重吉が聞いたらさぞ喜(よろこ)ぶだろうと思うほどないい声で千代と言った。三重吉は今に馴(な)れると千代と鳴きますよ、きっと鳴きますよ、と受け合って帰って行った。

自分はまた籠の傍(そば)へしゃがんだ。文鳥は膨(ふく)らんだ首を二三度竪横(たてよこ)に向(む)け直(なお)した。やがて一団(ひとかたまり)の白い体がぽいと留り木の上を抜(ぬ)け出(だ)した。と思うと奇麗な足の爪(つめ)が半分(はんぶん)ほど餌壺の縁(ふち)から後(うし)ろへ出た。小指(こゆび)を掛(か)けてもすぐ引(ひ)っ繰(く)り返(かえ)りそうな餌壺は釣鐘(つりがね)のように静かである。さすがに文鳥は軽いものだ。何だか淡雪(あわゆき)の精(せい)のような気がした。

□**筆を擱く** 쓰던 글을 중간에 그만두고 붓을 내려놓다, 각필하다, 문장을 다 쓰다 □**のめる** 앞으로 넘어지다, 앞으로 기울어지다 □**突き出す** (앞쪽으로) 쑥 내밀다, 떠밀어 내다 □**さぞ~だろう** 필시 ~일 것이다, 틀림없이 ~일 것이다 □**馴れる** 숙달되다, (동물이) 길들다, 사람을 따르다 □**しゃがむ** 쭈그리고 앉다, 웅크리고 앉다 □**膨らむ** 부풀다, 불룩해지다 □**竪横** 세로와 가로 □**一団** 한 덩어리 □**ぽいと** 물건을 가볍게 버리거나 던지는 모양, 홱, 휙 □**抜け出す** 빠져나가다, (머리털 등이) 빠지기 시작하다 □**縁** 가장자리, 테두리 □**小指** 새끼발가락 □**引っ繰り返る** 뒤집히다, 쓰러지다, 넘어지다 □**釣鐘** 조종, 범종 □**さすがに** 과연, 정말 ■**~ものだ** (동사 · い형용사 보통형, な형용사な에 붙어 감동 · 영탄을 나타냄) ~구나 〈もう今年もあとわずか、時の経つのは速いものだなあ 올해도 벌써 얼마 남지 않았군, 시간의 흐름은 빠르구나〉 □**淡雪** (초봄 무렵에 내리는) 금방 녹아 없어지는 눈, 자국눈 □**精** 요정, 정령, 정수

文鳥はつと嘴(くちばし)を餌壺の真ん中に落(おと)した。そうして二三度左右に振(ふ)った。奇麗(きれい)に平(なら)して入れてあった粟がはらはらと籠の底(そこ)に零(こぼ)れた。文鳥は嘴を上げた。咽喉(のど)の所で微(かすか)な音(おと)がする。また嘴を粟の真ん中に落す。また微な音がする。その音が面白い。静かに聴(き)いていると、丸くて細(こま)やかで、しかも非常(ひじょう)に速(すみや)かである。菫(すみれ)ほどな小さい人が、黄金(こがね)の槌(つち)で瑪瑙(めのう)の碁石(ごいし)でもつづけ様(ざま)に敲(たた)いているような気がする。

嘴の色を見ると紫(むらさき)を薄(うす)く混(ま)ぜた紅(べに)のようである。その紅が次第(しだい)に流(なが)れて、粟をつつく口尖(くちさき)の辺(あた)りは白い。象牙(ぞうげ)を半透明(はんとうめい)にした白さである。この嘴が粟の中へ入る時は非常に早い。左右に振(ふ)り蒔(ま)く粟の珠(たま)も非常に軽そうだ。文鳥は身(み)を逆(さか)さまにしないばかりに尖(とが)った嘴を黄色(きいろ)い粒(つぶ)の中に刺(さ)し込(こ)んでは、

□つと 갑자기, 느닷없이, 불쑥 □嘴 부리, 주둥이 □振る 흔들다 □平す 고르게 하다, 평평하게 하다 □はらはらと 하늘하늘, 뚝뚝, 우수수 □零れる 넘쳐흐르다, 흘러내리다 □咽喉 목 □微 희미함, 어렴풋함 □細やか 세밀함, 미묘하고 심오함, 섬세하고 아름다움 □速か 빠름, 신속함 □菫 제비꽃, 오랑캐꽃 □黄金 황금 ＝おうごん □槌 망치 □瑪瑙 마노 〈보석의 일종〉 □碁石 바둑돌, 바둑알 □つづけ様に 계속해서, 연달아 □敲く 두드리다 □薄い 연하다 □混ぜる 섞다, 혼합하다 □紅 붉은색 □次第に 점차, 점점 □つつく 쪼다, 쪼아먹다 □口尖 입 끝 □象牙 상아 □半透明 반투명 □振り蒔く 흩뿌리다, 퍼뜨리다 □珠 알맹이, 알갱이 □逆さまに 거꾸로, 반대로 ■～ないばかりに (동사 ない형 뒤에 붙어, 어떤 동작이 금방이라도 실행될 단계에 있음을 나타냄) 당장 ~할 것처럼, 금방 ~할 듯이 〈彼女は泣かないばかりに頼んだ 그녀는 당장 울 것처럼 부탁했다〉 □尖る 뾰족해지다, 날카로워지다 □刺し込む 찔러 넣다

膨(ふく)らんだ首を惜気(おしげ)もなく右左(みぎひだり)へ振(ふ)る。籠の底(そこ)に飛(と)び散(ち)る粟の数(かず)は幾粒(いくつぶ)だか分らない。それでも餌壷だけは寂然(せきぜん)として静かである。重いものである。餌壷の直径(ちょっけい)は一寸五分(いっすんごぶ)ほどだと思う。

自分はそっと書斎へ帰って淋(さび)しくペンを紙の上に走(はし)らしていた。縁側では文鳥がちちと鳴く。折々は千代千代とも鳴く。外では木枯(こがらし)が吹いていた。

夕方(ゆうがた)には文鳥が水を飲むところを見た。細(ほそ)い足を壺の縁(ふち)へ懸(か)けて、小(ちさ)い嘴に受けた一雫(ひとしずく)を大事(だいじ)そうに、仰向(あおむ)いて呑(の)み下(くだ)している。この分(ぶん)では一杯の水が十日ぐらい続くだろうと思ってまた書斎へ帰った。晩(ばん)には箱へしまってやった。寝る時硝子戸から外を覗(のぞ)いたら、月が出て、霜(しも)が降っていた。文鳥は箱の中でことりともしなかった。

□惜気もなく 아낌없이 〈惜気 아까워하는 모양, 애석해하는 모양, 아낌〉 □飛び散る 날아 흩어지다, 흩날리다 □幾～ 몇～ □寂然として 적막하게, 조용하고 쓸쓸하게 □直径 직경 □～寸～分 ~치 ~푼 〈寸은 약 3.03cm, 分은 앞의 寸의 1/10이므로 약 0.303cm임〉 □走らす (필기구 · 시선 등을) 재빠르게 움직이다, 놀리다 □折々 때때로, 이따금 =時々 □木枯 초겨울(늦가을)에 부는 거센 바람 □夕方 해질녘, 저녁때 □懸ける 걸치다, 올려놓다 □小い 작다 〈ちいさい의 변한말〉 □雫 물방울 □仰向く (고개를 젖혀) 위를 향하다, 위를 보다 □呑み下す 삼키다, 넘기다 □しまう 안에 넣다, 간수하다 □覗く 엿보다, 조금 들여다보다 □ことりとも 작고 딱딱한 물건이 부딪치는 소리, 딸그락

明る日もまた気の毒な事に遅く起きて、箱から籠を出してやったのは、やっぱり八時過ぎであった。箱の中ではとうから目が覚めていたんだろう。それでも文鳥はいっこう不平らしい顔もしなかった。籠が明るい所へ出るや否や、いきなり目をしばたたいて、心持ち首をすくめて、自分の顔を見た。

昔美しい女を知っていた。この女が机に凭れて何か考えているところを、後ろから、そっと行って、紫の帯上げ*の房になった先を、長く垂らして、頸筋の細いあたりを、上から撫で廻したら、女はものう気に後ろを向いた。その時女の眉は心持ち八の字に寄っていた。それで目尻と口元には笑が萌していた。同時に恰好のよい頸を肩まですくめていた。文鳥が自分を見た時、自分はふとこの女の事を思い出した。

□明る日 다음 날〈明る 다음~〉 □とうから 진작부터, 전부터, 벌써 □しばたたく(瞬く) 눈을 깜박거리다 □首をすくめる 목을 움츠리다 □凭れる 기대다, 의지하다 □房 (실을 묶어 늘어뜨린) 술, 송이, 방울 □垂らす 늘어뜨리다, 드리우다 □頸筋 목덜미 □撫で廻す 이리저리 어루만지다, 자꾸 쓰다듬다 □ものう気 깨나른함〈ものうい(몸이 나른하고 마음이 내키지 않다, 깨나른하다)의 어간에 気(동사 ます형, い형용사 · な형용사 어간, 명사에 붙어 그런 기미 · 느낌 등의 뜻을 나타냄)가 결합한 형태〉 □後ろを向く 뒤를 돌아보다 □八の字に寄る 8자 모양으로 찡그리다 □目尻 눈초리, 눈꼬리 □口元 입가, 입 주위 □萌す 싹트다, 징조가 보이다 □恰好 모습, 모양

* 帯上げ 着物의 허리띠 형태를 고정시키고 흘러 내리지 않도록 하기 위해 쓰는 폭이 좁은 천.

この女は今嫁(よめ)に行った。自分が紫の帯上(おびあげ)でいたずらをしたのは縁談(えんだん)のきまった二三日後(あと)である。

餌壺にはまだ粟が八分通(どお)り入っている。しかし殻(から)もだいぶ混(まじ)っていた。水入れには粟の殻が一面に浮(う)いて、苛(いた)く濁(にご)っていた。易(か)えてやらなければならない。また大きな手を籠の中へ入れた。非常(ひじょう)に要心(ようじん)して入れたにもかかわらず、文鳥は白い翼(つばさ)を乱(みだ)して騒(さわ)いだ。小い羽根(はね)が一本抜(ぬ)けても、自分は文鳥にすまないと思った。殻は奇麗に吹いた。吹かれた殻は木枯がどこかへ持って行った。水も易えてやった。水道(すいどう)の水だから大変冷(たいへんつめ)たい。

その日は一日淋しいペンの音を聞いて暮(くら)した。その間(あいだ)には折々千代千代と言う声も聞えた。文鳥も淋しいから鳴くので

□嫁に行く 시집을 가다 □いたずらをする 장난을 치다 □縁談 혼담 □八分通り 8할 정도, 80퍼센트 쯤 □混る 섞이다 □一面に 온통, 전체에 □浮く 뜨다, 떠오르다 □苛く 매우, 몹시, 대단히 □濁る 흐려지다, 탁해지다 □易える 갈다, 바꾸다, 교체하다 □要心する 조심하다, 주의하다 ■~にもかかわらず (동사 · い형용사 · 명사 보통형, な형용사である에 붙어) ~에도 불구하고, ~이지만 〈不景気(ふけいき)にもかかわらずブランド商品の売り上げは伸(の)ばし続けている 불경기에도 불구하고 명품의 매출은 계속 늘고 있다〉 □翼を乱す 날개를 푸득거리다 □抜ける 빠지다 □すまない 미안하다

はなかろうかと考えた。しかし縁側へ出て見ると、二本の留り木の間を、あちらへ飛んだり、こちらへ飛んだり、絶間(たえま)なく行(い)きつ戻(もど)りつしている。少しも不平らしい様子はなかった。

夜は箱へ入れた。明(あく)る朝目が覚めると、外は白い霜(しも)だ。文鳥も目が覚めているだろうが、なかなか起きる気にならない。枕元(まくらもと)にある新聞を手に取るさえ難儀(なんぎ)だ。それでも煙草(たばこ)は一本ふかした。この一本をふかしてしまったら、起きて籠から出してやろうと思いながら、口から出る煙(けぶり)の行方(ゆくえ)を見つめていた。するとこの煙の中に、首をすくめた、目を細くした、しかも心持ち眉(まゆ)を寄(よ)せた昔の女の顔がちょっと見えた。自分は床(とこ)の上に起(お)き直(なお)った。寝巻(ねまき)の上へ羽織(はおり)を引(ひ)っ掛(か)けて、すぐ縁側へ出た。そうして箱の蓋(ふた)をはずして、文鳥を出した。文鳥は箱から出ながら千代千代と二声鳴いた。

□**絶間なく** 끊임없이, 그치지 않고 ■**~つ~つ** (동사 ます형에 붙어) ~기도 하고 ~기도 하고 〈押しつ押されつしながら、やっと花火会場に着いた 밀거니 밀리거니 하면서 겨우 불꽃놀이 장소에 도착했다〉 □**枕元** 머리맡, 베갯머리 □**手に取る** 손에 잡다, 손에 들다 □**難儀** 번거로움, 귀찮음, 폐 □**ふかす** (담

배를) 피우다 □**煙** 연기 〈けむり의 옛말〉 □**行方** 행방 □**目を細くする** 눈을 가늘게 뜨다 □**眉を寄せる** 눈썹을 찡그리다, 눈썹을 모으다 □**起き直る** 일어나 바로 앉다, 다시 일어나다 □**寝巻** 잠옷 □**羽織** 기모노 위에 걸쳐 입는 짧은 겉옷 □**引っ掛ける** (옷을) 걸치다, 아무렇게나 입다 □**蓋をはずす**(外す) 뚜껑을 벗기다

三重吉の説(せつ)によると、馴(な)れるにしたがって、文鳥が人の顔を見て鳴くようになるんだそうだ。現(げん)に三重吉の飼(か)っていた文鳥は、三重吉が傍(そば)にいさえすれば、しきりに千代千代と鳴きつづけたそうだ。のみならず三重吉の指の先から餌(え)を食べると言う。自分もいつか指の先で餌をやって見たいと思った。

次の朝はまた怠(なま)けた。昔の女の顔もつい思い出さなかった。顔を洗って、食事(しょくじ)を済(す)まして、始めて、気がついたように縁側へ出て見ると、いつの間(ま)にか籠が箱の上に乗っている。文鳥はもう留り木の上を面白そうにあちら、こちらと飛(と)び移(うつ)っている。そうして時々は首を伸(の)して籠の外を下の方から覗いている。その様子がなかなか無邪気(むじゃき)である。昔紫の帯上(おびあげ)でいたずらをした女は襟(えり)の長い、背(せい)のすらりとした、ちょっと首を曲(ま)げて人を見る癖(くせ)があった。

粟はまだある。水もまだある。文鳥は満足(まんぞく)している。自分は粟も水も易(か)えずに書斎へ引(ひ)っ込(こ)んだ。

■ ～にしたがって (동사 기본형, 명사에 붙어) ~에 따라 〈山頂(さんちょう)に近づくにしたがって気温が下がっていった 산 정상에 가까워짐에 따라 기온이 내려갔다〉 □現に 실제로, 현재 □のみならず 뿐만 아니라 □怠ける 게으름 피우다 □飛び移る (새 등이) 날거나 뛰어올라 다른 곳으로 옮기다 □首を伸す 목을 빼다, 목을 늘리다 □無邪気 천진난만함, 순진함 □襟 옷깃, 동정 〈襟が長い 옷깃이 길다〉 □すらりと 늘씬하게, 날씬하게 〈すらりとした 늘씬한〉 □首を曲げる 목을 구부리다 □引っ込む 틀어박히다, 움푹 꺼지다, 안으로 들어앉다

昼過ぎまた縁側へ出た。食後の運動かたがた、五六間(ごろっけん)の廻(まわ)り縁(えん)を、あるきながら書見(しょけん)するつもりであった。ところが出て見ると粟がもう七分がた尽(つ)きている。水も全く濁ってしまった。書物を縁側へ放(ほう)り出しておいて、急いで餌(え)と水を易えてやった。

次の日もまた遅く起きた。しかも顔を洗って飯(めし)を食(く)うまでは縁側を覗かなかった。書斎に帰ってから、あるいは昨日のように、家人(うちのもの)が籠を出しておきはせぬかと、ちょっと縁(えん)へ顔だけ出して見たら、はたして出してあった。その上餌も水も新(あたら)しくなっていた。自分はやっと安心(あんしん)して首を書斎に入れた。途端(とたん)に文鳥は千代千代と鳴いた。それで引(ひ)っ込(こ)めた首をまた出して見た。けれども文鳥は再(ふたた)び鳴かなかった。けげんな顔をして硝子越(ご)しに庭の霜を眺(なが)めていた。自分はとうとう机の前に帰った。

■ **〜かたがた** (명사에 붙어) ~을 겸하여, ~하는 겸 〈旅行かたがた田舎の実家(じっか)に行ってきた 여행 겸 시골집에 다녀왔다〉 = 〜がてら □ **〜間** ~간 〈길이를 나타내는 단위로 1間은 약 1.82m임〉 □ **廻り縁** 건물이나 방 둘레를 두 방향 이상 두른 툇마루 □ **書見する** 책을 읽다, 독서하다 □ **〜がた** ~쯤, ~정도, ~가량 □ **尽きる** 다하다, 떨어지다, 바닥나다 □ **放り出す** 내팽개치다, 밖으로 내던지다 □ **はたして**(果たして) 과연, 생각했던 대로, 역시 □ **途端に** 바로 그때 □ **引っ込める** 도로 집어넣다, 철회하다, 움츠리다 □ **再び** 두 번, 다시, 재차 □ **けげん** 의아함, 미심쩍음

書斎の中では相変らずペンの音がさらさらする。書きかけた小説はだいぶんはかどった。指の先が冷たい。今朝埋けた佐倉炭は白くなって、薩摩五徳に懸けた鉄瓶がほとんど冷めている。炭取は空だ。手を敲いたがちょっと台所まで聴えない。立って戸を明けると、文鳥は例に似ず留り木の上にじっと留っている。よく見ると足が一本しかない。自分は炭取を縁に置いて、上からこごんで籠の中を覗き込んだ。いくら見ても足は一本しかない。文鳥はこの華奢な一本の細い足に総身を託して黙然として、籠の中に片づいている。

自分は不思議に思った。文鳥について万事を説明した三重吉もこの事だけは抜いたと見える。自分が炭取に炭を入れて帰った時、文鳥の足はまだ一本であった。しばらく寒い縁側に立って眺めていたが、文鳥は動く気色もない。音を立てない

□相変らず 변함없이, 언제나처럼 □さらさら 사물이 서로 가볍게 스칠 때 나는 소리. 삭삭, 사각사각 □書きかける 쓰기 시작하다, 쓰다 말다 □はかどる 일이 순조롭게 되어가다, 진척되다 □埋ける (꺼지지 않도록) 숯불을 재 속에 묻다, 땅에 파묻다 □佐倉炭 사쿠라숯 〈千葉(ちば)현 佐倉 지방의 상수리나무로 만든 양질의 숯〉 □薩摩五徳 (화로의 재 속에 심어 주전자 등을 얹는) 삼발이의 일종 □鉄瓶 쇠주전자 □炭取 숯을 조금씩 덜어서 놓고 쓰는 그릇 □空 텅 빔 □例に似ず 평소와 다르게 □留る (새 · 벌레 등이) 앉다 □こごむ 구부리다, 웅크리다 □総身 온몸, 전신 □託する 맡기다, 부탁하다, 의탁하다 □黙然として 묵묵히, 잠잠히, 말없이 □抜く 빼다, 빠뜨리다 □気色 기색, 기미

で見つめていると、文鳥は丸い目を次第に細くし出した。おおかた眠たいのだろうと思って、そっと書斎へ入ろうとして、一歩足を動かすや否や、文鳥はまた目を開いた。同時に真っ白な胸の中から細い足を一本出した。自分は戸を閉てて火鉢へ炭をついだ。

小説は次第に忙しくなる。朝は依然として寝坊をする。一度家のものが文鳥の世話をしてくれてから、何だか自分の責任が軽くなったような心持ちがする。家のものが忘れる時は、自分が餌をやる水をやる。籠の出し入れをする。しない時は、家のものを呼んでさせる事もある。自分はただ文鳥の声を聞くだけが役目のようになった。

それでも縁側へ出る時は、必ず籠の前へ立ち留って文鳥の様子を見た。たいていは狭い籠を苦にもしないで、二本の留り木を満足そうに往復していた。天気のいい時は薄い日を硝

□眠たい 졸리다 □一歩 한 걸음 □目を開く 눈을 뜨다 □戸を閉てる 문을 닫다 □寝坊をする 늦잠을 자다 □出し入れ 내고 들임 □立ち留る 멈추어 서다 □苦にもしない 싫어하지도 않다, 괴로워하지도 않다, 걱정하지도 않다 □往復する 왕복하다

子越(ご)しに浴(あ)びて、しきりに鳴き立てていた。しかし三重吉の言ったように、自分の顔を見てことさらに鳴く気色はさらになかった。

自分の指からじかに餌(え)を食うなどと言う事は無論(むろん)なかった。折々機嫌(きげん)のいい時は麺麭(パン)の粉(こ)などを人差指(ひとさしゆび)の先へつけて竹の間からちょっと出して見る事があるが文鳥は決(けっ)して近(ちか)づかない。少し無遠慮(ぶえんりょ)に突(つ)き込(こ)んで見ると、文鳥は指の太(ふと)いのに驚(おどろ)いて白い翼(つばさ)を乱して籠の中を騒(さわ)ぎ廻(まわ)るのみであった。二三度試(こころ)みた後(のち)、自分は気の毒になって、この芸(げい)だけは永久(えいきゅう)に断念(だんねん)してしまった。今(いま)の世(よ)にこんな事のできるものがいるかどうだかはなはだ疑(うたが)わしい。おそらく古代(こだい)の聖徒(セイント)の仕事だろう。三重吉は嘘(うそ)をついたに違(ちがい)ない。

□浴びる (햇볕 등을) 쬐다, 쐬다　□鳴き立てる (새 · 벌레 · 동물 등이) 시끄럽게 울다, 몹시 울다 □ことさらに 일부러, 고의로, 특별히, 새삼스럽게　□さらに (뒤에 부정 표현이 올 때) 조금도, 전혀 〈気にする様子(ようす)はさらにない 걱정하는 기색은 전혀 없다〉 □じかに 바로, 직접 □麺麭の粉 빵가루 □人差指 집게손가락 □つける 바르다, 묻히다, 칠하다 □決して〜ない 결코 ~않다 □無遠慮 사양할 줄 모름, 무람없음, 멋대로 행동함 □突き込む 쑤셔 넣다, 찔러 넣다, 처넣다 □騒ぎ廻る 떠들며 돌아다니다, 소란을 피우며 돌아다니다 □〜のみ ~뿐, ~만 □試みる 시도해 보다, 시험해 보다 □芸 재주, 일, 기예, 예능 □永久に 영원히 □断念する 단념하다 □はなはだ(甚だ) 몹시, 매우, 심히 □疑わしい 의심스럽다, 수상쩍다 □おそらく〜だろう 아마(필시, 어쩌면, 틀림없이) ~일 것이다 □聖徒 성인, 성자

ある日の事、書斎で例(れい)のごとくペンの音を立てて侘(わ)びしい事を書き連(つら)ねていると、ふと妙(みょう)な音が耳に入った。縁側でさらさら、さらさら言う。女が長い衣(きぬ)の裾(すそ)を捌(さば)いているようにも受(う)け取(と)られるが、ただの女のそれとしては、あまりに仰山(ぎょうさん)である。雛段(ひなだん)*をあるく、内裏雛(だいりびな)の袴(はかま)の襞(ひだ)の擦(す)れる音とでも形容(けいよう)したらよかろうと思った。自分は書きかけた小説をよそにして、ペンを持ったまま縁側へ出て見た。すると文鳥が行水(ぎょうずい)を使っていた。

水はちょうど易(か)え立(た)てであった。文鳥は軽い足を水入れの真ん中に胸毛(むなげ)まで浸(ひた)して、時々は白い翼を左右にひろげながら、心持ち水入れの中にしゃがむように腹を圧(お)しつけつつ、

□**例のごとく** 평소처럼, 전과 같이 □**侘びしい** 쓸쓸하다, 외롭다, 적적하다 □**書き連ねる** 죽 써서 늘어놓다, 열기하다 □**妙** 묘함, 이상함 □**衣** 옷, 의복 □**裾を捌く** 옷자락을 가지런히 하다 □**受け取る** 받다, 해석하다, 납득하다 □**仰山** 과장되어 있음, (수량이) 매우 많음 □**内裏雛** 천황과 황후의 모습을 본떠서 만든 남녀 한 쌍의 인형 □**袴** 겉에 입는 주름 잡힌 하의 〈보통 바지처럼 나눠져 있으나 스커트 형태의 것도 있음〉 □**襞** 주름 □**擦れる** 스치다, 맞닿다 □**よそにする** 소홀히 하다, 아랑곳하지 않다 □**易え立て** 방금 간 상태, 지금 막 바꾼 〈~立て (동사 ます형에 붙어 행동이나 상황이 방금 막 끝났음을 나타냄) 막 ~한 직후 | 焼(や)きたてのパン 방금 막 구워낸 빵〉 □**胸毛** 가슴털 □**浸す** 담그다, 잠그다 □**圧しつける** 내리누르다, 밀어붙이다 ■ **~つつ** (동사 ます형에 붙어, 두 가지 동작을 동시에 행하는 것을 나타냄) ~하면서 〈右に海を眺(なが)めつつ、ドライブを続けた 오른편으로 바다를 바라보면서 계속 드라이브를 했다〉

* **雛段** 雛祭(ひなまつり) 때 雛人形(ひなにんぎょう)를 진열하는 단을 말한다. 雛祭는 여자 아이의 건강과 행복을 기원하는 행사로, 3월 3일에 행한다.

総身(そうみ)の毛(け)を一度に振(ふ)っている。そうして水入れの縁(ふち)にひょいと飛(と)び上(あが)る。しばらくしてまた飛び込む。水入れの直径(ちょっけい)は一寸五分ぐらいに過ぎない。飛び込んだ時は尾(お)も余(あま)り、頭も余り、背(せい)は無論(むろん)余る。水に浸(つ)かるのは足と胸だけである。それでも文鳥は欣然(きんぜん)として行水を使っている。

自分は急に易籠(かえかご)を取って来た。そうして文鳥をこの方へ移(うつ)した。それから如露(じょろ)を持って風呂場へ行って、水道の水を汲(く)んで、籠の上からさあさあとかけてやった。如露の水が尽きる頃には白い羽根から落ちる水が珠(たま)になって転(ころ)がった。文鳥は絶(た)えず目をぱちぱちさせていた。

昔紫の帯上(おびあげ)でいたずらをした女が、座敷(ざしき)で仕事をしていた時、裏(うら)二階から懐中鏡(ふところかがみ)で女の顔へ春の光線(こうせん)を反射(はんしゃ)させて楽しんだ事がある。女は薄紅(うすあか)くなった頬(ほお)を上げて、繊(ほそ)い手を額(ひたい)の前にかざしながら、不思議そうに瞬(まばた)きをした。この女とこの文鳥とはおそらく同じ心持ちだろう。

□ひょいと 가볍게, 손쉽게, 거뜬히, 훌쩍 □飛び上る 날아오르다, 뛰어오르다 □飛び込む 뛰어들다 □尾 꼬리 □浸かる (물속에) 잠기다, 침수되다 □欣然として 아주 기뻐하며, 흔연히 □易籠 교체할 새장, 바꿔 줄 새장 □如露 물뿌리개 □水を汲む 물을 긷다 □さあさあ 쏴아쏴아, 좌아좌아 □かける 뿌리다, 끼얹다 □珠 구슬, 방울 □転がる 구르다, 넘어지다 □目をぱちぱちさせる 눈을 깜박거리다 □座敷 다다미 방, 객실 □懐中鏡 휴대용 작은 손거울 □反射する 반사하다 □薄紅い 약간 붉다 □繊い 가늘다 □かざす 빛을 가리다 □瞬きをする 눈을 깜박이다 〈瞬く 눈을 깜박이다, (별 등이) 깜박이다〉

日数(ひかず)が立つにしたがって文鳥はよく囀(さえ)ずる。しかしよく忘れられる。ある時は餌壺が粟の殻だけになっていた事がある。ある時は籠の底が糞(ふん)でいっぱいになっていた事がある。ある晩宴会(えんかい)があって遅く帰ったら、冬の月が硝子越に差(さ)し込(こ)んで、広い縁側がほの明(あか)るく見えるなかに、鳥籠(とりかご)がしんとして、箱の上に乗っていた。その隅(すみ)に文鳥の体(からだ)が薄白(うすじろ)く浮いたまま留り木の上に、有(あ)るか無(な)きかに思われた。自分は外套(がいとう)の羽根を返(かえ)して、すぐ鳥籠を箱のなかへ入れてやった。

翌日文鳥は例のごとく元気よく囀(さえず)っていた。それからは時々寒い夜も箱にしまってやるのを忘れることがあった。ある晩いつもの通(とお)り書斎で専念(せんねん)にペンの音を聞いていると、突然(とつぜん)縁側の方でがたりと物(もの)の覆(くつがえ)った音がした。しかし自分は立たなかった。依然として急ぐ小説を書いていた。わざわざ

□**日数** 일수, 날짜 □**囀ずる** (새가) 지저귀다 □**宴会** 연회, 잔치, 회식 □**ほの明るい** 희미하게 밝다 〈ほの~ (동사 · い형용사 앞에 붙어) 희미하게 ~하다, 어렴풋이 ~하다 | ほの暗(ぐら)い 희미하게 어둡다, ほの知る 어렴풋이 알다〉 □**しんとする** 아주 조용하다 □**隅** 구석 □**薄白い** 희끄무레하다, 약간 희다 □**有るか無きか** 있는지 없는지, 있는 듯 없는 듯 □**外套の羽根を返す** 외투를 벗다 〈외투의 어깨에서 팔까지 덮는 부분이 마치 새의 날개와 같아 빗대어 표현한 것임〉 □**いつもの通り** 평소처럼, 언제나와 같이 □**専念に** 전념하여, 몰두하여 □**突然** 돌연, 갑자기 □**がたりと** 단단하고 무거운 물체가 부딪치거나 움직이기 시작할 때 나는 소리, 쿵, 딸까닥 □**覆る** 뒤집히다, 전복되다

立って行って、何でもないといまいましいから、気にかからないではなかったが、やはりちょっと聞耳(ききみみ)を立てたまま知らぬ顔(かお)ですましていた。その晩寝たのは十二時過ぎであった。便所(べんじょ)に行ったついで、気がかりだから、念のため一応(いちおう)縁側へ廻(まわ)って見ると——

　籠は箱の上から落ちている。そうして横に倒(たお)れている。水入れも餌壺も引(ひ)っ繰返(くりかえ)っている。粟は一面(いちめん)に縁側に散(ち)らばっている。留り木は抜(ぬ)け出(だ)している。文鳥はしのびやかに鳥籠の桟(さん)にかじりついていた。自分は明日(あした)から誓(ちか)ってこの縁側に猫(ねこ)を入れまいと決心(けっしん)した。

　翌日(あくるひ)文鳥は鳴かなかった。粟を山盛(やまも)り入れてやった。水を漲(みなぎ)るほど入れてやった。文鳥は一本足のまま長(なが)らく留り木の上を動かなかった。午飯(ひるめし)を食ってから、三重吉に手紙(てがみ)を書こうと思って、二三行(ぎょう)書き出すと、文鳥がちちと鳴いた。自分

□**いまいましい** 분하다, 화가 치밀다　□**聞耳を立てる** 귀를 기울이다　□**知らぬ顔で** 알고도 모르는 척하며, 알고도 모르는 표정(태도)으로　□**すます** 시치미를 떼다, 점잔빼다　□**気がかり**(気掛り) 마음에 걸림, 근심, 걱정　□**引っ繰り返る** 뒤집히다, 쓰러지다　□**散らばる** 흩어지다, 분산하다　□**しのびやかに**(忍びやかに) 남몰래, 은밀히, 조용히　□**桟** (문, 창 등의) 살, 덧장　□**かじりつく** 꽉 달라붙다, 매달리다, 열중하다　□**誓って** 맹세코 〈誓う 맹세하다, 서약하다〉　□**山盛り** (그릇 등에) 수북이 담음, 또는 그 물건　□**漲る** 물이 가득 차다, 넘쳐흐르다　□**長らく** 오랫동안, 한참 동안　□**～行** ~행, ~줄　□**書き出す** 쓰기 시작하다

は手紙の筆(ふで)を留(と)めた。文鳥がまたちちと鳴いた。出て見たら粟も水もだいぶん減(へ)っている。手紙はそれぎりにして裂(さ)いて捨てた。

翌日(よくじつ)文鳥がまた鳴かなくなった。留り木を下りて籠の底へ腹を圧(お)しつけていた。胸の所が少し膨(ふく)らんで、小さい毛が漣(さざなみ)のように乱れて見えた。自分はこの朝、三重吉から例の件(けん)で某所(ぼうしょ)まで来てくれと言う手紙を受け取った。十時までにと言う依頼(いらい)であるから、文鳥をそのままにしておいて出た。三重吉に逢(あ)って見ると例の件がいろいろ長くなって、いっしょに午飯を食う。いっしょに晩飯(ばんめし)を食う。その上明日(あす)の会合(かいごう)まで約束(やくそく)して宅(うち)へ帰った。帰ったのは夜の九時頃(ごろ)である。文鳥の事はすっかり忘れていた。疲(つか)れたから、すぐ床(とこ)へ入って寝てしまった。

□留める 멈추다, 정지하다 □減る 줄다, 적어지다 □それぎりにする 그뿐으로 더는 하지 않다 □裂く 찢다, 쪼개다 □漣 잔물결 □乱れる 흐트러지다, 어지러워지다, 혼란해지다 □例の件 예의 건, 그 건 □某所 모처, 어느 곳 □会合 회합, 모임 □すっかり 완전히, 매우, 아주 □床へ入る 이부자리에 들다, 잠자리에 들다

翌日(あくるひ)目が覚めるや否や、すぐ例の件を思いだした。いくら当人(とうにん)が承知(しょうち)だって、そんな所へ嫁(よめ)にやるのは行末(ゆくすえ)よくあるまい、まだ子供だからどこへでも行けと言われる所へ行く気になるんだろう。いったん行けばむやみに出られるものじゃない。世(よ)の中(なか)には満足(まんぞく)しながら不幸(ふこう)に陥(おちい)って行く者がたくさんある。などと考えて楊枝(ようじ)を使って、朝飯(あさめし)を済(す)ましてまた例の件を片づけに出掛(でか)けて行った。

帰ったのは午後三時頃である。玄関(げんかん)へ外套を懸けて廊下伝(ろうかづた)いに書斎へ入るつもりで例の縁側へ出て見ると、鳥籠が箱の上に出してあった。けれども文鳥は籠の底に反(そ)っ繰(く)り返(かえ)っていた。二本の足を硬(かた)く揃(そろ)えて、胴(どう)と直線(ちょくせん)に伸(の)ばしていた。自分は籠の傍(わき)に立って、じっと文鳥を見守(みまも)った。黒い目を眠(ねぶ)っている。瞼(まぶた)の色は薄蒼(うすあお)く変(かわ)った。

□承知 알고 있음, 승낙 □嫁にやる 시집을 보내다 □行末 장래, 미래, 전도 ■いったん～ば(と・なら) 일단 ~하면, 한번 ~하면 〈この本はいったん読み始めると途中でやめられない 이 책은 일단 읽기 시작하면 도중에 멈출 수가 없다〉 □陥る 빠지다, 빠져들다, 걸려들다 □楊枝 이쑤시개 〈楊枝を使う 이를 쑤시다, 이쑤시개를 사용하다〉 □～伝いに (명사에 붙어) ~을 따라서, ~을 타고 □反っ繰り返る 몸을 뒤로 젖히다, 으스대다, 뻐기다 □硬い 딱딱하다, 견고하다 □胴 몸, 몸통 □直線に 직선으로, 똑바로 □傍 곁, 옆 □見守る 지켜보다, 눈을 떼지 않고 보다 □目を眠る 눈을 감다 □薄蒼い 파르스름하다, 핏기가 없다

餌壺には粟の殻ばかり溜(たま)っている。啄(ついば)むべきは一粒(ひとつぶ)もない。水入れは底の光(ひか)るほど涸(か)れている。西へ廻った日が硝子戸を洩(も)れて斜(なな)めに籠に落ちかかる。台(だい)に塗(ぬ)った漆(うるし)は、三重吉の言ったごとく、いつの間にか黒味が脱(ぬ)けて、朱(しゅ)の色が出て来た。

自分は冬の日に色(いろ)づいた朱の台を眺めた。空(から)になった餌壺を眺めた。空(むな)しく橋(はし)を渡(わた)している二本の留り木を眺めた。そうしてその下に横(よこ)たわる硬い文鳥を眺めた。

□溜る 괴다, 모이다, 쌓이다 □啄む (새 등이) 쪼다, 쪼아 먹다 ■～べき (동사 기본형에 붙어) ~해야 될, ~하는 것이 적절한 〈단 するは すべき 형태도 사용함 | 恐(おそ)るべき青少年の犯罪(はんざい) 무서워 해야 할 청소년 범죄〉 □光る 빛나다, 반짝이다 □涸れる 마르다, 고갈되다 □洩れる 새다, 누설되다 □落ちかかる 떨어지다, 떨어지려고 하다 〈여기서는 서쪽으로 기운 해가 새장을 비춘다는 뜻임〉 □脱ける 없어지다, 사라지다 ＝抜ける □空しい 허무하다, 덧없다 □横たわる 눕다, 가로놓이다

自分はこごんで両手(りょうて)に鳥籠を抱(かか)えた。そうして、書斎へ持って入った。十畳(じゅうじょう)の真ん中へ鳥籠をおろして、その前へかしこまって、籠の戸を開(あ)いて、大きな手を入れて、文鳥を握(にぎ)ってみた。柔(やわら)かい羽根は冷(ひえ)きっている。

拳(こぶし)を籠から引(ひ)き出(だ)して、握った手を開けると、文鳥は静に掌(てのひら)の上にある。自分は手を開けたまま、しばらく死んだ鳥を見つめていた。それから、そっと座布団(ざぶとん)の上におろした。そうして、烈(はげ)しく手を鳴らした。

十六になる小女(こおんな)が、はいと言って敷居際(しきいぎわ)に手をつかえる。自分はいきなり布団(ふとん)の上にある文鳥を握って、小女の前へ放(ほう)り出(だ)した。小女は俯向(うつむ)いて畳(たたみ)を眺めたまま黙(だま)っている。自分は、餌(え)をやらないから、とうとう死んでしまったと言いながら、下女(げじょ)の顔を睥(にら)めつけた。下女はそれでも黙っている。

□こごむ 구부리다, 쭈구리다 □おろす 내리다, 내려놓다 □かしこまる(畏まる) 정좌하다, 긴장해서 꿇어앉다 □柔かい 부드럽다, 보드랍다 □冷きる 완전히 차가워지다 □拳 주먹 □掌 손바닥 □座布団 방석 □烈しい 심하다, 격렬하다, 세차다, 과격하다 □手を鳴らす 손뼉을 치다 〈여기서는 누군가를 부르기 위해서 손뼉을 치는 것을 말함〉 □小女 어린 고용인, 몸집이 작은 여자, 또는 소녀 □敷居 문지방, 문턱 □際 가, 옆, 곁 □手をつかえる 두 손을 짚다 □俯向く 머리를 숙이다, 고개를 숙이다 □睥めつける 매섭게 쏘아보다, 눈을 부라리며 노려보다

自分は机の方へ向(む)き直(なお)った。そうして三重吉へ端書(はがき)をかいた。「家人(うちのもの)が餌をやらないものだから、文鳥はとうとう死んでしまった。たのみもせぬものを籠へ入れて、しかも餌をやる義務(ぎむ)さえ尽(つ)くさないのは残酷(ざんこく)の至(いた)りだ」と言う文句(もんく)であった。

自分は、これを投函(だ)して来い、そうしてその鳥をそっちへ持って行けと下女に言った。下女は、どこへ持って参(まい)りますかと聞(き)き返(かえ)した。どこへでも勝手(かって)に持って行けと怒鳴(どな)りつけたら、驚(おどろ)いて台所の方へ持って行った。

しばらくすると裏庭(うらにわ)で、子供が文鳥を埋(うめ)るんだ埋るんだと騒(さわ)いでいる。庭掃除(にわそうじ)に頼(たの)んだ植木屋(うえきや)が、お嬢(じょう)さん、ここいらがいいでしょうと言っている。自分は進(すす)まぬながら、書斎でペンを動かしていた。

□向き直る (몸을 돌려) 방향을 바꾸다, 그쪽으로 돌아서다 □端書 엽서 □しかも 게다가, 그러고도 □義務 의무 □尽くす 최선을 다하다 □残酷 잔혹, 참혹 ■～の至り (한정된 명사에 붙어) ~하기 그지없음, ~함의 극치 〈若気(わかげ)の至り 젊은 혈기의 극치〉 □勝手に 제멋대로, 마음대로 □怒鳴りつける 큰소리로 꾸짖다, 호통치다 □裏庭 뒷마당, 뒤뜰 □埋る 묻다, 매장하다 □植木屋 정원사 또는 그 가게 □ここいら 이 근처, 이쪽, 이 부근 □進む 마음이 내키다, 나아가다, 진행되다

翌日は何だか頭が重いので、十時頃になってようやく起きた。顔を洗いながら裏庭を見ると、昨日植木屋の声のしたあたりに、小さい公札が、蒼い木賊の一株と並んで立っている。高さは木賊よりもずっと低い。庭下駄を穿いて、日影の霜を踏み砕いて、近づいて見ると、公札の表には、この土手登るべからずとあった。筆子の手蹟である。

午後三重吉から返事が来た。文鳥は可愛想な事を致しましたとあるばかりで家人が悪いとも残酷だともいっこう書いてなかった。

□**公札** (뭔가를 알리기 위해 세우는) 팻말 ＝立札(たてふだ) □**蒼い** 파랗다, 푸르다 □**木賊** 속새 〈키 70cm 이내의 여러해살이풀로, 관상용으로 정원 등에 많이 심음〉 □**～株** ~그루, ~포기 □**庭下駄を穿く** 정원용 게다를 신다 □**日影** 햇빛, 햇살 □**踏み砕く** 밟아 부수다, 밟아 깨뜨리다 □**土手** 둑, 제방 ■**～べからず** (동사 기본형에 붙어 강한 금지를 나타냄) ~해서는 안 됨, ~하지 말 것 〈初心(しょしん)忘れるべからず 초심을 잊지 말 것〉 □**手蹟** 필적, 필체

본문 해석

본문과 대조하면서 확인해 보시기 바랍니다.

父 아버지

p.10 내가 중학교 4학년이었을 때의 이야기이다.

그해 가을 닛코에서 아시오에 걸쳐 3박 4일의 수학여행이 있었다. '오전 6시 30분 우에노 정거장 앞 집합, 같은 시간 50분 발차……' 이러한 조항이 학교에서 나눠준 등사본 인쇄물에 써 있다.

p.11 당일이 되자 나는 제대로 아침밥도 먹지 않고 집을 뛰어나왔다. 전철로 가면 정거장까지 20분도 걸리지 않는다. ── 그렇게 생각하면서도 왠지 마음이 조급해진다. 정거장의 빨간 기둥 앞에 서서 전철을 기다리고 있는 동안에도 몹시 초조하다.

공교롭게도 하늘은 흐려 있다. 여기저기 공장에서 울리는 기적 소리가 회색빛 수증기를 공중으로 날려 보낸다면, 그것이 모두 이슬비가 되어 내리지는 않을까 하는 생각도 든다. 그 따분한 하늘 아래로 기차가 고가철도를 지나간다. 피복창을 드나드는 짐마차가 지나간다. 상점 문들이 하나씩 열린다. 내가 있는 정거장에도 벌써 두세 명 사람들이 서 있다. 그 사람들 모두 잠이 부족한 듯한 얼굴을 짐짓 우울한 표정으로 감추고 있다. 춥다. ── 마침 그때 할인 전철이 왔다.

p.12 혼잡한 전철 안에서 겨우 손잡이에 매달리자, 누군가 뒤에서 내 어깨를 두드리는 자가 있다. 나는 당황하여 뒤를 돌아보았다.

"안녕!"

보았더니 노세 이소오였다. 역시 나처럼 감색 모헤어 교복을 입고 외투를 감아 왼쪽 어깨에 걸치고 삼베로 된 행전을 하고, 허리에 도시락 꾸러미와 물통 등을 매달고 있다.

노세는 나와 같은 초등학교를 나와, 같은 중학교에 들어간 사내 아이이다. 이렇다 하게 특별히 잘하는 과목도 없었지만, 그 대신 이렇다 하게 특별히 못하는 과목도 없다. 그러면서도 사소한 일에는 약삭빠른 성격으로 유행가 같은 것은

p.14 한 번 들으면 곧바로 가락을 외워 버린다. 그리고 수학여행 때 숙소에라도 묵는날 밤에는 그 특기를 신이 나서 펼친다. 시 낭송, 사츠마비파, 만담, 야담, 성대모사, 마술, 무엇이든 잘했다. 게다가 또 몸놀림이나 얼굴 표정 등으로 사람을 웃게 만드는 데에 독특한 재주를 가지고 있다. 따라서 반 친구들의 평가도 선생님들 사이에서의 평판도 나쁘지는 않다. 다만 나와는 서로 왕래는 하고 있었지만 그다지 친한 사이도 아니었다.

"일찍 왔네, 너도."

"난 항상 일찍 와." 노세는 이렇게 말하면서 약간 우쭐거렸다.

p.15 "하지만 요전에는 지각했잖아?"

"요전에?"

"국어 시간에 말이야."

"아아! 바바한테 혼났을 때 말이구나? 그야 원숭이도 나무에서 떨어질 때가 있는 법이야." 노세는 선생님의 이름에 경칭을 붙이지 않고 부르는 버릇이 있었다.

"그 선생님한테는 나도 혼났어."

"지각해서?"

"아니, 책을 잊고 와서."

"진탄은 잔소리가 아주 심해서 말이야." 진탄이란 말은 노세가 바바 선생님에게 붙인 별명이다. ——이런 이야기를 나누는 사이에 정거장 앞에 이르렀다.

p.16 탔을 때와 마찬가지로 붐비는 사람들 속을 비집고 겨우 전철에서 내려 정거장으로 들어갔더니, 시간이 일러서 아직 반 친구들은 두세 명밖에 와 있지 않다. 서로 "안녕" 하며 인사를 교환한다. 앞을 다투어 대합실 나무 벤치에 걸터앉는다. 그리고 나서 평소와 같이 활기차게 떠들어대기 시작했다. 모두들 자기 자신을 가리킬 때 '僕'라고 하는 대신에 'おれ'라고 하는 것을 우쭐대는 나이 또래이다. 그렇게 스스로 'おれ'라고 칭하는 패거리들의 입에서 여행에 대한 예상, 친구끼리의 품평, 선생님에 대한 악평 등이 빈번하게 나왔다.

"이즈미는 교활해. 그 녀석은 교사용 초이스를 갖고 있어서 한 번도 미리 읽어 오기 같은 걸 한 적이 없대."

"히라노는 더 교활해. 그 녀석은 시험 때가 되면 역사 연대를 전부 손톱에 써 가지고 간다던데?"

p.17 "그러고 보면 선생님도 교활하다니까."

"교활하고말고. 혼마 같은 선생은 receive의 i와 e 중 어느 쪽이 먼저 오는지, 그것조차 제대로 알지 못하는 주제에 교사용 지도서로 적당히 잘 속여서 가르치고 있잖아."

어디까지고 교활하다는 말만 계속 나올 뿐, 한 가지도 변변한 소문은 나오지 않는다. 그러자 그 사이에 노세가 자기 옆 벤치에 앉아 신문을 읽고 있던 기술자로 보이는 남자의 구두를 팟킨리라고 비평했다. 이것은 당시 맥킨리라고 하는 새로운 모양의 구두가 유행했었는데, 이 남자의 구두는 완전히 광택을 잃은 데다가 앞쪽이 툭 터져 뻐끔히 입을 벌리고 있었기 때문이다.

"팟킨리가 딱 맞는 말이군." 이렇게 말해 모두 한꺼번에 웃음을 터트렸다.

p.18 그후 우리들은 우쭐해져서 이 대합실에 출입하는 여러 사람들을 물색하기 시작했다. 그리고 하나하나 게다가 토쿄의 중학생이 아니면 할 수 없을 듯한 건방진 악담을 가하기 시작했다. 그런 장난에 있어서 뒤질 것 같은 얌전한 학생은 우리들 중 한 사람도 없다. 그중에서도 노세의 형용이 가장 신랄함과 동시에 가장 해학이 넘쳐 있었다.

"노세, 노세, 저 아주머니를 봐."

"저 사람은 복어가 새끼를 밴 것 같은 얼굴을 하고 있군."

"이쪽에 있는 짐꾼도 뭔가와 닮았어. 그렇지? 노세."

"그건 카를 5세군."

p.19 결국에는 노세 혼자서 악담을 하는 역할을 떠맡게 되었다.

그러자 그때 우리들 중 한 명이 시간표 앞에 서서 작은 숫자를 살피고 있는 이상한 남자를 발견했다. 그 남자는 빛이 바란 나머지 붉은색이 감도는 양복을 입고, 체조할 때 사용하는 구간 같은 가느다란 다리를 조잡한 회색 줄무늬 바지 속으로 넣어 입고 있다. 창이 넓은 옛날 스타일의 검은 중절모 밑으로 반백의 머리카락이 비져 나와 있는 것을 보니 이미 상당한 연배인 것 같다. 게다가 목둘레에는 흰색과 검정색의 체크무늬로 된 화려한 손수건을 휘감고, 말채찍 같은 기다란 한죽 지팡이를 살짝 겨드랑이에 끼고 있다. 복장이며 태도며

p.20 모두가 잡지 펀치에 실린 삽화를 오려내어 그것을 그대로 이 정거장의 붐비는 사람들 속에 세워 놓았다고 밖에 생각할 수 없다. ――우리들 중 한 사람은 다시 새로 악담 재료가 생긴 것을 기뻐하 듯이 어깨를 들썩들썩 재미있게 웃으며 노세의 손을 잡아끌어,

"야! 저 사람은 어때?"라고 말했다.

그래서 우리들은 모두 그 이상한 남자를 바라보았다. 남자는 몸을 조금 뒤로 젖히면서 조끼 주머니에서 보랏빛 끈이 달린 커다란 니켈 회중시계를 꺼내 열심히 시계와 시간표의 숫자를 비교해 보고 있다. 옆얼굴만 보고서도 나는 금방 그 사람이 노세의 아버지라는 것을 알았다.

p.22 하지만 그곳에 있던 우리 패거리들 중에는 이 사실을 알고 있는 녀석이 한 명도 없다. 그래서 모두 노세의 입에서 이 우스꽝스런 인물을 적당하게 형용하는 말을 들으려고, 듣고 난 뒤에 웃을 준비를 하면서 재미있다는 듯이 노세의 얼굴을 바라보고 있었다. 중학교 4학년생에게는 당시의 노세의 마음을 추측할 통찰력이 없다. 나는 하마터면 "저 사람은 노세 아버지야."라고 말할 뻔했다.

그러자 그때,

"저 사람 말이야? 저 사람은 런던 거지야."

이렇게 말하는 노세의 목소리가 들렸다. 모두 한꺼번에 웃음을 터뜨린 것은 말할 것도 없다. 그중에는 일부러 몸을 뒤로 젖혀 회중시계를 꺼내며 노세 아버지의 모습을 흉내 내 보는 녀석마저 있었다.

p.23 나는 엉겁결에 고개를 숙였다. 그때의 노세 얼굴을 쳐다볼 만큼의 용기가 나에게는 부족했기 때문이다.

"그거 정말 적절한 평이군."

"봐. 봐. 저 모자를."

"히카게쵸 것인가?"

"히카게쵸에도 있을 리가 있겠어?"

"그럼, 박물관이군."

모두가 또 재미있다는 듯이 웃었다.

구름 낀 흐린 하늘의 정거장은 해질녘처럼 어둑어둑하다. 나는 그 어둑한 속에서 살짝 사람들 사이로 그 런던 거지 쪽을 보았다.

p.24 그러자 어느새 엷은 햇살이 비치기 시작했는지, 폭이 좁은 빛줄기가 높은 천장의 들창으로부터 희미하게 비스듬히 비치고 있다. 노세의 아버지는 바로 그 빛줄기 속에 있었다. —— 주위에서는 모든 것들이 움직이고 있다. 눈길이 닿는 곳에서도, 닿지 않는 곳에서도 움직이고 있다. 그리고 또 그 운동이 사람의 소리인지 물체의 소리인지 분간할 수 없는 것이 되어, 이 커다란 건물 속을 안개처럼 뒤덮고 있다. 그러나 노세의 아버지만은 움직이지 않는다. 이 현대와 인연이 없는 양복을 입은, 이 현대와 인연이 없는 노인은 어지럽게 움직이는 인간의 홍수 속에서, 이도 역시 현대를 초월한 검은 중절모를 뒤로 젖혀 쓰고서 보랏빛 끈이 달린 회중시계를 오른손 바닥 위에 올려놓으며 여전히 펌프처럼 시간표 앞에 우두커니 서 있다…….

p.25 나중에 넌지시 들었더니, 당시 대학교 약국에 다니고 있던 노세 아버지는 노세가 우리들과 함께 수학여행을 떠나는 모습을 출근길에 보기 위해서 아들에게는 알리지 않고 일부러 정거장에 왔었다고 한다.

노세 이소오는 중학교를 졸업하고 얼마 안 있어 폐결핵에 걸려 죽었다. 그 추도식을 중학교 도서실에서 거행했을 때, 학생모를 쓴 노세의 사진 앞에서 추도사를 읽은 것은 나다. "너는, 부모에게 효도로," —— 나는 그 추도사 속에 이런 문구를 넣었다.

(1916년 3월)

桜桃 앵도

p.28 나, 산을 향해 눈을 들리라.

—— 구약 시편, 제 121장.

'자식보다 부모가 소중하다'고 생각하고 싶다. '자식을 위해서'라는 식의 고지식한 도학자 같은 말을 기특하게 떠올려 봐도, 아무래도 자식보다도 그 부모 쪽이 나약하다. 적어도 우리 집에서는 그렇다. 아무리 그렇다 하더라도 내가 나이가 들어 자식에게 도움을 받으며 신세를 져야겠다는 등의 뻔뻔하고 염치없는 속마음은 전혀 갖고 있지는 않지만, 이 부모는

p.29 가정에서 항상 자식들의 기분만 살피고 있다. 자식이라고 해도 우리 집 아이들은 모두 아직 매우 어리다. 큰딸은 일곱 살, 큰아들은 네 살, 작은딸은 한 살이다. 그래도 이미 각자 부모를 압도하기 시작했다. 아버지와 어머니는 마치 아이들의 하인과 하녀 같은 분위기를 띠고 있다.

여름에 가족 모두가 다다미 3장짜리 방에 모여, 아주 떠들썩하고 몹시 혼잡스런 저녁 식사를 했기 때문에 아버지는 수건으로 얼굴의 땀을 마구 닦으며,

"밥을 먹으며 비지땀을 흘리는 것도 천박한 일이라고 야나기다루에 나와 있었지만, 정말 이렇게 아이들이 시끄러워서는 아무리 고상한 아버지라고 해도 땀이 흐르는군."

하고 혼자 중얼중얼 불평을 하기 시작한다.

p.30 어머니는 한 살인 작은딸에게 젖을 물리면서, 그리고 아버지와 큰딸과 큰아들의 시중을 들기도 하고, 아이들이 흘린 것을 닦고, 줍고, 코를 풀어 주는 등 여러 방면에서 대단한 활약을 하며,

"당신은 코에 땀을 가장 많이 흘리시는 것 같아요. 항상 분주하게 코를 닦고 계시네요."

p.31 아버지는 쓴 웃음을 지으며,

"그럼 당신은 어디야? 허벅지인가?"

"참 고상한 아버지시군요."

"아니, 뭐야 당신, 의학적인 얘기잖아! 고상하고 천박하고가 아니지."

"나는 말이죠."

하고 어머니는 조금 진지한 표정을 지으며,

"이 가슴과 가슴 사이에, …… 눈물의 계곡, ……."

눈물의 계곡.

아버지는 말없이 식사를 계속했다.

나는 집에서는 늘 농담을 한다. 그야말로 '마음에는 번민하는' 일이 많기 때문에 '겉으로는 쾌락'을 가장할 수밖에 없다고나 할까? 아니 집에 있을 때

p.32 만이 아니라 나는 남을 대할 때에도 아무리 마음이 괴로워도, 아무리 몸이 힘들어도 거의 필사적으로 즐거운 분위기를 만들기 위해 노력한다. 그리고 나는 손님과 헤어진 후에 피로에 비틀거리며 돈, 도덕, 자살에 대해 생각한다.

아니 그것은 남을 대할 때 뿐만이 아니다. 소설을 쓸 때도 그와 마찬가지이다. 나는 슬플 때 오히려 가볍고 즐거운 이야기를 창조하기 위해 노력한다. 나 스스로는 가장 멋진 봉사를 한다고 생각하지만, 사람들은 그것을 알아차리지 못하고 다자이라는 작가도 '요즘은 경박하다, 재미만으로 독자를 낚는다, 매우 안이하다'라고 나를 경멸한다.

인간이 인간에게 봉사한다는 것은 나쁜 일일까? 거드름을 피우며 좀처럼 웃지 않는다는 것은 좋은 일일까?

p.33 즉 나는 미련하리만큼 고지식하고 흥이 깨지는 어색한 일을 끝까지 견뎌 낼 수 없다. 나는 우리 집에서도 끊임없이 농담을 하고,살얼음을 밟는다는 생각으로 농담을 하며, 일부 독자, 비평가의 상상에 어긋나게 내 방의 다다미는 새롭고, 책상 위는 정돈되어 있으며, 부부는 서로 위로하고 존경하여 남편은 아내를 때린 적이 없는 것은 물

론 "나가 버려!", "나가겠어요!"와 같은 난폭한 말싸움을 한 적도 한 번도 없었고, 아버지나 어머니도 이에 못지 않게 아이들을 사랑하고 아이들도 부모를 밝고 명랑하게 잘 따른다.

하지만 이것은 겉으로 보이는 모습이다. 어머니가 가슴을 열면 눈물의 계곡, 아버지의 식은땀도 점점 더 심해져서, 부부는 서로 상대방의 고통을 알고 있지만 그것을 건드리지 않으려 애쓰며 아버지가 농담을 하면 어머니도 웃는다.

p.34 그렇지만 그때 눈물의 계곡이라는 어머니의 말을 듣고 아버지는 말없이 뭔가 농담을 해 받아치려고 해도 순간적으로 좋은 말이 떠오르지 않아 계속 입을 다물고 있었는데, 점점 어색함이 쌓여 그 방면의 달인인 아버지도 결국 진지한 표정을 지으며,

"누군가 사람을 고용해. 어찌 됐든 그렇게 하지 않으면 안 되겠어."

라고 어머니의 기분이 상하지 않도록 조심조심 혼잣말처럼 중얼거린다.

아이가 셋. 아버지는 집안일에는 완전히 무능하다. 이부자리조차 스스로 치우지 않는다. 그리고 그저 시시한 농담만 하고 있다. 배급이니 등록이니 그런 것은 아무것도 모른다. 정말이지

p.35 하숙이라도 하고 있는 것과 같은 모양새다. 집에 찾아온 손님. 접대. 작업실로 도시락을 갖고 나가서는 그대로 일주일이나 집에 들어오지 않는 적도 있다. 일, 일이라고 항상 떠들고 있지만 하루에 두세 장 정도밖에 못 쓰는 모양이다. 다음은 술. 과음하면 홀쭉하게 살이 빠져 자리에 드러눕는다. 게다가 여기저기에 젊은 여자 친구도 있는 눈치다.

아이들, ……일곱 살인 큰딸도, 올 봄에 태어난 작은딸도 감기에 좀 잘 걸리지만, 우선 뭐, 다른 애들과 별 차이가 없다. 하지만 네 살인 큰아들은 몹시 말라 아직 일어서지 못한다. 말은 '아아'나 '다아'만 할 뿐, 한 마디도 하지 못하며 또한 남의 말을 알아듣지도 못한다. 기어서 돌아다니기 때문에 대변도 소변도 가르치지 못한다. 그러면서도 밥은 정말 많이 먹는다. 하지만 늘 앙상하게 말라서 몸도 왜소하고 머리카락도 듬성듬성하고 조금도 자라지 않는다.

p.36 아버지도 어머니도 이런 상태의 큰아들에 대해 서로 깊게 이야기 나누는 것을 피한다. 백치, 벙어리, …… 그런 말을 한 마디라도 입 밖으로 꺼내 두 사람이 서로 수긍하는 것은 너무나 비참하기 때문이다. 어머니는 때때로 이 아이를 힘껏 끌어안는다. 아버지는 자주 발작적으로 이 아이를 안고 강으로 뛰어들어 죽어 버리고 싶다는 생

각을 한다.

'벙어리인 차남을 참살하다. ×일 정오 지나 ×구 ×동 ×번지 ×상인, 아무개(53) 씨는 자택인 다다미 6장짜리 방에서 차남 아무개(18) 군의 머리를 도끼로 내리쳐서 일격에 살해, 아버지 아무개 자신은 가위로 목을 찔렀지만 죽지 못하고 인근 병원에 수용되었으나 위독, 아무개 집에서는 최근 작은딸 아무개(22) 씨에게 양자를 들였는데, 차남이 벙어리인데다 머리가 조금 나쁘기 때문에 딸을 너무 사랑한 나머지 생각다 못해 저지른 일'

이런 신문 기사도 역시 나에게 홧술을 들이키게 한다.

p.37 아아, 그저 단순히 발육이 늦어지고 있는 것만으로 되어 준다면 좋을 텐데! 이 큰아들이 당장이라도 쑥 자라, 부모가 걱정하는 것을 개탄하며 비웃도록 되어 주면 좋을 텐데! 부부는 친척에게도 친구에게도 그 누구에게도 말하지 못하고 남몰래 마음속으로 그렇게 되기를 염원하면서, 겉으로는 아무것도 걱정하지 않는 것처럼 전혀 신경 쓰지 않은 것처럼 큰아들을 놀리며 웃고 있다.

어머니도 있는 힘을 다하여 노력하며 살고 있겠지만 아버지도 역시 최선을 다했다. 원래 그다지 글을 많이 쓸 수 있는 소설가는 아니다. 극단적으로 소심한 사람이다. 그런 사람이 대중들 앞으로 끌려 나와 쩔쩔매면서 쓰고 있는 것이다. 쓰는 것이 고통스러워 홧술에 도움을 청한다. 홧술이라는 것은 자신의 생각을 주장하지 못하는 답답함, 분함으로 인해 마시는 술을 말한다. 항상 자신의 생각을

p.38 확실하게 주장할 수 있는 사람은 홧술 따위 마시지 않는다. (여자 중에 술꾼이 적은 것은 이 이유 때문이다.)

나는 논쟁을 해서 이긴 예가 없다. 반드시 지고 만다. 상대방의 강한 확신, 엄청난 자기 긍정에 압도당하고 만다. 그래서 나는 침묵한다. 하지만 곰곰이 생각해 보면 상대방이 자기 멋대로인 것을 알아차리고 단지 내 쪽만이 잘못한 게 아니라는 것을 확신하게 되지만, 한번 말싸움에 진 주제에 다시 집요하게 전투를 개시하는 것도 참담하고, 또한 나에게는 말싸움이 서로 주먹으로 치고 받는 싸움과 마찬가지로 오랫동안 불쾌한 증오로 남기 때문에, 분노에 치를 떨면서도 웃고 침묵하며 그리고 이것저것 여러 가지를 생각하다 결국 홧술을 마시게 되는 것이다.

p.39 확실하게 말하겠다. 장황하게 이리저리 완곡하게 돌려말하는 방식으로 썼지만, 실은 이 소설 부부싸움에 관한 소설이다.

'눈물의 계곡'

그것이 도화선이었다. 이 부부는 이미 말한 것처럼 난폭한 것은 물론이고 입에 담지 못할 거친 말로 서로 욕을 한 적도 없는 굉장히 얌전한 한 쌍이기는 하지만, 그러나 그만큼 또 일촉즉발의 위험에 부들부들 떨고 있는 면도 있었다. 양쪽이 아무 말 없이 상대방의 나쁜 점을 증거로 확보하고 있는 듯한 위험, 한 장의 패를 힐끗 보고는 숨기고, 또 한 장을 힐끗 보고는 숨기고, 언젠가는 느닷없이 "자, 됐습니다."라며 패를 전부 챙겨서 눈앞에 펼쳐 보일 것

p.40 같은 위험, 그것이 부부를 서로 조심스럽게 만들고 있다고 할 수 있는 부분이 없는 것도 아니었다. 아내 쪽은 어찌 되었건, 남편 쪽은 두드리면 두드릴수록 얼마든지 먼지가 나올 것 같은 남자인 것이다.

'눈물의 계곡'

그런 말을 듣고 남편은 심사가 뒤틀렸다. 하지만 말싸움은 좋아하지 않는다. 침묵했다. 당신은 나에게 어느 정도 비난할 마음으로 그렇게 말했겠지만, 그러나 울고 있는 것은 당신만이 아니야. 나 역시 당신 못지않게 아이들의 일을 생각하고 있지. 내 가정이 소중하다고 생각하고 있어. 아이가 한밤중에 이상한 기침 한 번을 해도 꼭 잠이 깨어 견딜 수 없는 기분이 돼. 좀 더 좋은 집으로 이사해서 당신과 아이들을 기쁘게 해 주고 싶어서 견딜 수 없지만, 그러나 나에게는 도저히 거기까지 능력이 되지 않아. 지금 상태가 이미 있는 힘을 다한 거야.

p.41 나 역시 흉악하고 난폭한 악마는 아니야. 처자식을 못 본 척 내버려 두고 태연할 수 있는 배짱을 갖고 있지는 않단 말이야. 배급이랑 등록에 관한 일 역시 모르는 것이 아니라 알 여유가 없는 거야. …… 아버지는 그렇게 마음속으로 중얼거린다. 하지만 이런 말을 입 밖으로 꺼낼 자신도 없고, 또 말을 꺼내서 어머니에게 뭔가 반격을 당한다면 아무 소리도 못할 것 같은 기분도 들어,

"누군가 사람을 고용해!"

라고 혼잣말처럼 간신히 주장해 보았던 것이다.

어머니도 원래 말이 없는 편이다. 그렇지만 언제나 하는 말에 냉정한 자신감을 가지고 있었다. (이 어머니뿐만이 아니라 다른 어떤 여자도 대개 그렇지만)

p.42 "하지만, 좀처럼 와 줄 사람도 없으니까요."

"찾아보면 틀림없이 있을 거야. 와 줄 사람이 없는 게 아니라 있어 줄 사람이 없는 게

아닌가?"

"내가 사람을 부리는 것이 서툴다는 말씀이세요?"

"그럴 리가……."

아버지는 또다시 침묵했다. 실은 그렇게 생각하고 있었던 것이다. 하지만 침묵했다.

아아, 누군가 한 사람 고용해 준다면 좋겠다. 어머니가 막내를 업고 볼일을 보러 외출하면 아버지는 나머지 두 아이를 돌봐야만 한다. 그리고 매일 어김없이 손님이 열 명 정도씩 온다.

"작업실로 가고 싶은데."

"지금 말인가요?"

"그래. 무슨 일이 있어도 오늘 밤 안으로 다 써야 되는 일이 있어."

p.43 그것은 거짓말이 아니었다. 하지만 집안의 우울함에서 벗어나고 싶은 마음도 있었던 것이다.

"오늘 밤은 저, 여동생 집에 다녀오려고 하는데요."

그것도 나는 알고 있었다. 여동생은 중태이다. 하지만 아내가 병문안을 가면 나는 아이들을 돌봐야만 한다.

"그러니까 사람을 고용해서……."

말을 꺼내다가 나는 그만두었다. 아내의 친정 일에 조금이라도 관여하면 두 사람의 기분이 매우 복잡해진다.

살아간다는 것은 대단히 힘든 일이다. 여기저기 쇠사슬이 휘감겨 있어서 조금이라도 움직이면 피가 뿜어져 나온다.

p.44 나는 말없이 일어서서 다다미 6장짜리 방의 책상 서랍에서 원고료가 들어 있는 봉투를 꺼내어 소맷자락에 쑤셔 넣은 후, 원고용지와 사전을 검은 보자기에 싸서 사람(물체)이 아닌 것처럼 훌쩍 밖으로 나온다.

이제 일이나 하고 있을 상황이 아니다. 자살에 대한 것만 생각하고 있다. 그리고 술을 마실 장소로 곧장 간다.

"어서 오세요."

"마시자. 오늘은 또 엄청나게 예쁜 줄무늬를……."

p.45 "나쁘지 않죠? 당신이 좋아할 줄무늬라고 생각했어요."

"오늘은 부부싸움을 해서 말이야, 마음이 우울해서 견딜 수가 없어. 마시자. 오늘 밤은 자고 가겠어. 단연 자고 갈 테야."

'자식보다 부모가 소중하다'고 생각하고 싶다. 자식보다도 그 부모 쪽이 나약하다.

앵도가 나왔다.

우리 집에서는 아이들에게 값비싼 것을 먹이지 않는다. 아이들은 앵도 같은 것을 본 적도 없을지도 모른다. 만약 먹인다면 기뻐할 것이다. 아버지가 갖고 가면 기뻐할 것이다. 덩굴을 실로 이어서 목에 걸면 앵도는 산호 목걸이처럼 보일 것이다.

하지만 아버지는 큰 접시에 수북이 담긴 앵도를 아주 맛없는 것처럼 먹고는 씨를 뱉고, 먹고는 씨를 뱉고, 먹고는 씨를 뱉고, 그렇게 하면서 마음속으로 허세처럼 중얼거리는 말은, 자식보다도 부모가 소중하다는 말.

一房の葡萄 한 송이의 포도

p.48

1

나는 어렸을 때 그림 그리는 것을 좋아했습니다. 내가 다녔던 학교는 요코하마의 야마노테라는 곳에 있었습니다만, 그 부근은 서양인만 사는 마을로 우리 학교도 교사는 모두 서양인뿐이었습니다. 그리고 학교로 오가는 길에는 늘 호텔이나 서양인 회사 등이 줄지어 서 있는 해안가의 큰길을 지나야 했습니다. 큰길을 따라 나 있는 해안가에 서서 보면 새파란 바다 위에 군함이며 상선 등이 잔뜩 늘어서 있고, 굴뚝에서 연기가 나오는 것이나

p.49 돛대에서 돛대로 만국기를 매달아 놓은 것이 보였는데 눈이 아플 정도로 아름다웠습니다. 나는 자주 해변에 서서 그 경치를 둘러보다가 집에 돌아오면 기억하고 있는 것을 될 수 있는 대로 아름답게 그림으로 그려 보려고 했습니다. 하지만 그 속이 훤히 보일 것 같은 투명한 바다의 남색과 하얀 범선 등의 바다 표면 가까이에 칠해져 있는 선홍색은 내가 갖고 있는 그림물감으로는 도저히 멋지게 표현할 수 없었습니다. 아무리 그리고 또 그려도 실제 풍경에서 보는 것 같은 색으로는 그릴 수 없었습니다.

문득 나는 학교 친구가 갖고 있는 서양 물감이 떠올랐습니다. 그 친구는 물론 서양인으로, 더구나 나보다 두 살 정도 나이가 많았기 때문에 키는 올려다 볼 만큼 큰 아이였습니다.

p.51 짐이라는 그 아이가 갖고 있는 그림물감은 고급스러운 외국 제품으로, 가벼운 나무상자 속에 12가지 색의 그림물감이 조그만 먹처럼 네모난 모양으로 단단하게 만들어져 두 줄로 나열되어 있었습니다. 모든 색이 아름다웠지만 특히 남색과 붉은색은 깜짝 놀랄 정도로 아름다웠습니다. 짐은 나보다 키가 크지만 그림은 훨씬 못 그렸습니다. 그래도 그 그림물감을 칠하면 못 그린 그림조차 웬일인지 몰라보게 아름답게 보이는 것입니다. 나는 항상 그것을 부러워했습니다. 저런 그림물감만 있다면 나도 바다 경치를 진짜 바다로 보이도록 그려낼 수 있을 텐데라고, 나의 안 좋은 그림물감을 탓하면서 생각했습니다. 그랬더니,

p.52 그날부터 짐의 그림물감이 너무나 갖고 싶어서 견딜 수 없게 되었습니다. 하지만 나는 왠지 겁쟁이가 되어 아빠에게도 엄마에게도 "사 주세요"라고 조를 마음이 생기지 않아, 매일매일 그 그림물감을 마음속으로 계속 생각만 하면서 며칠인가 날짜가 흘렀습니다.

지금 생각하면 언제쯤이었는지 기억하지는 못합니다만, 가을이었을 것입니다. 포도 열매가 잘 익어 있었으니까요. 날씨는 겨울이 오기 전의 가을 날씨가 자주 그렇듯, 하늘 속 깊은 곳까지 투명하게 보일 것 같은 활짝 개인 날이었습니다. 우리들은 선생님과 함께 도시락을 먹었습니다만, 그 한창 즐거운 점심시간 중에도 내 마음은 왠지 안정되지 못하고 그날의 하늘과는 정반대로 어두웠습니다. 나는 혼자 골똘히 생각했습니다. 누군가가 눈치 채고 보았다면

p.53 얼굴도 분명 파랬을 것입니다. 나는 짐의 그림물감이 너무나 갖고 싶어 견딜 수 없게 되어 버렸습니다. 마음이 아플 정도로 갖고 싶어진 것입니다. 짐은 내가 마음속으로 생각하고 있는 것을 틀림없이 알고 있을 것이라고 생각하여 슬쩍 그의 얼굴을 보았더니, 짐은 아무것도 모르는 것처럼 재미있게 웃기도 하면서 옆에 앉아 있는 아이와 이야기를 하고 있습니다. 그런데 그의 웃고 있는 모습이 내 마음을 알고 웃는 것처럼 생각되기도 하고, 뭔가 이야기를 하고 있는 모습이 '두고 봐, 저 일본인이 틀림없이 내 그림물감을 훔칠 테니까.'라고 말하고 있는 것처럼 생각되기도 하는 것입니다. 나는 기분이 나빠졌습니다. 그렇지만 짐이 나를 의심하는 것처럼 보이면 보일수록 나는 그 그림물감이 탐이나 견딜 수 없어지는 것입니다.

p.54 2

나는 얼굴은 귀여웠는지 모르겠지만, 몸도 마음도 약한 아이였습니다. 게다가 겁쟁이라서 하고 싶은 말도 하지 못하고 그만둬 버리는 성격이었습니다. 그래서 사람들에게는 별로 귀여움을 받지 못했고 친구도 없는 편이었습니다. 점심식사가 끝나자 다른 아이들은 활발하게 운동장으로 나가 뛰어놀기 시작했습니다만, 나만은 더욱 그날은 이상하게 기분이 가라앉아 혼자만 교실에 들어가 있었습니다. 바깥이 밝은 만큼 교실 안은 어두워져 내 마음속 같았습니다. 내 자리에 앉아 있으면서도 내 눈은 가끔씩 짐의 책상 쪽으로 향했습니다. 칼로 여러 가지 낙서가 새겨져 있고 손때로 새까맣게 되어 있는 책상의 뚜껑을 올리면 그 안에 책이랑 잡기장이랑 석판과 함께 조청 같은 나무 빛깔의 물감 상자가 있다. 그리고 그 상자 속에는 조그만

p.56 먹 같은 모양을 한 남색과 선홍색의 그림물감이……나는 얼굴이 빨개진 것 같은 느낌이 들어 나도 모르게 외면해 버립니다. 그렇지만 금방 다시 곁눈으로 짐의 책상 쪽을 보지 않을 수 없었습니다. 가슴이 두근거려서 괴로울 정도였습니다. 가만히 앉아 있으면서도 꿈에서 귀신에게라도 쫓겨 다녔을 때처럼 마음만 조급해 졌습니다.

교실로 들어가라는 종이 땡땡 울렸습니다. 나는 그만 깜짝 놀라 벌떡 일어섰습니다. 아이들이 큰 소리로 웃기도 하고 소리치기도 하면서 세면장 쪽으로 손을 씻으러 가는 것이 창문으로 보였습니다. 나는 갑자기 머릿속이 얼음처럼 차가워지는 것을 기분 나쁘게 생각하며 비틀비틀 짐의 책상이 있는 곳으로 가서

p.57 반쯤 꿈인 듯 책상 뚜껑을 올려 보았습니다. 거기에는 내가 생각하고 있던 대로 잡기장이랑 필통과 뒤섞여, 본 기억이 있는 물감 상자가 들어 있었습니다. 무엇 때문인지 모르겠지만, 나는 여기저기를 둘러본 후, 아무도 보고 있지 않다는 것을 확인하고 재빠르게 그 상자의 뚜껑을 열어 남색과 선홍색의 두 가지 색을 집어 들자마자 바로 주머니 속으로 밀어 넣었습니다. 그리고 서둘러 늘 줄을 맞춰 선생님을 기다리고 있는 곳으로 뛰어갔습니다.

p.58 우리들은 젊은 여자 선생님을 따라 교실로 들어와 각자의 자리에 앉았습니다. 나는 짐이 어떤 얼굴을 하고 있는지 보고 싶어 견딜 수 없었지만, 도저히 그쪽을 돌아볼 수 없었습니다. 그래도 내가 한 짓을 아무도 알아차린 낌새가 없어서 기분이 나쁜 듯한, 또 안심이 되는 듯한 기분으로 있었습니다. 내가 아주 좋아하는 젊은 여자 선생님이 하시는 말씀 따위는 귀에 들어오기는 해도 무슨 말인지 전혀 알 수 없었습니다.

선생님도 때때로 이상하다는 듯이 내 쪽을 보고 있는 것 같았습니다.

하지만 나는 선생님의 눈을 보는 것이 그날만큼은 어쩐지 싫었습니다. 그런 식으로 한 시간이 지나갔습니다. 왠지 모두 귓속말이라도 하고 있는 것 같다는 생각을 하면서 한 시간이 지났습니다.

p.59 교실을 나가라는 종이 울렸기 때문에 나는 겨우 안심하여 한숨을 내쉬었습니다. 하지만 선생님이 나가 버리자 나는 우리 반에서 가장 크고 공부를 잘하는 아이에게 "잠깐 이쪽으로 와 봐."하고 팔꿈치를 잡혔습니다. 내 가슴은 숙제를 안 했는데 선생님에게 이름이 불려졌을 때처럼 나도 모르게 움찔 떨리기 시작했습니다. 하지만 나는 가능한 한 모르는 척을 해야만 한다고 생각하여, 일부러 태연한 얼굴을 하려고 노력하며 어쩔 수 없이 운동장 구석으로 끌려갔습니다.

"너 짐의 그림물감을 가지고 있겠지? 이리 내 놔."

그렇게 말하며 그 아이는 내 앞으로 손을 크게 펼쳐 내밀었습니다. 그런 말을 듣자 나는 오히려 마음이 차분해져,

p.60 "그런 거, 나 갖고 있지 않아."

라고 그만 엉터리 같은 말을 해 버렸습니다. 그러자 서너 명의 친구와 함께 내 옆에 와 있던 짐이,

"나는 점심시간 전에 정확히 물감 상자를 점검해 놓았어. 한 개도 없어지지 않았었어. 그리고 점심시간이 끝났더니 두 개가 없어졌어. 쉬는 시간에 교실에 있었던 건 너뿐이잖아?"

라고 말을 약간 떨면서 반박했습니다.

나는 이제 끝장이라고 생각하자 갑자기 머릿속으로 피가 흘러들어와 얼굴이 새빨개진 것 같았습니다. 그러자 누구였는지 그곳에 서 있던 한 명이 갑자기 내 주머니에 손을 집어넣으려고 했습니다. 나는 있는 힘을 다해 그렇게는 못하게 하려고 했습니다만,

p.61 상대방은 여럿이라 도저히 당할 수가 없습니다. 내 주머니 속에서는 순식간에 마블구슬(지금의 유리구슬을 말합니다)이랑 납 딱지 등과 함께 두 개의 그림물감 덩어리가 끄집어내지고 말았습니다. "그것 봐!"라고 금방이라도 말할 것 같은 얼굴을 하고서 아이들은 밉살스러운 듯이 내 얼굴을 노려보았습니다. 내 몸은 저절로 부들부들 떨리고 눈앞이 깜깜해지는 것 같았습니다. 화창한 날씨인데도, 모두 쉬는 시간에 재미있게 뛰어놀고 있는데도, 나만은 정말로 완전히 풀이 죽고 말았습니다. 왜 그런 짓을 했

을까? 돌이킬 수 없는 일이 되고 말았다. 이제 나는 끝났다. 그렇게 생각하자 겁쟁이였던 나는 외롭고 슬퍼져서 훌쩍훌쩍 울음을 터뜨리고 말았습니다.

p.63 "울어서 겁을 줘도 소용없어."라고 공부를 잘하는 키 큰 아이가 깔보는 듯한, 정말 증오스럽다는 듯한 목소리로 말하면서 움직이지 않으려는 나를 모두가 합세하여 2층으로 끌고 가려고 했습니다. 나는 가능한 한 가지 않으려고 했지만, 결국 힘껏 잡아당기는 아이들에게 억지로 끌려가 사다리 계단을 강제로 올라가게 되었습니다. 그곳에는 내가 좋아하는 담임선생님의 방이 있습니다.

마침내 담임선생님의 방문을 짐이 노크했습니다. 노크한다는 것은 들어가도 좋은지 문을 두드리는 것을 말합니다. 안에서는 상냥하게 "들어와요."라는 선생님의 소리가 들렸습니다. 나는 그 방에 들어갈 때만큼 싫었던 적은 또 없습니다.

뭔가를 쓰고 있던 선생님은 우르르 몰려 들어온 우리들을 보더니 조금 놀란 것 같았습니다. 하지만 여자이면서도 남자처럼

p.64 목 언저리에서 싹둑 자른 머리카락을 오른손으로 쓸어 올리면서 평상시처럼 상냥한 얼굴을 이쪽으로 돌리며, 약간 고개를 갸웃거리는 것만으로 무슨 용건이냐고 묻는 태도를 취하셨습니다. 그러자 공부 잘하는 키 큰 아이가 앞으로 나가서 내가 짐의 그림물감을 훔친 것을 자세하게 선생님께 일러바쳤습니다. 선생님은 약간 어두운 표정을 짓고서 진지하게 모두의 얼굴과 반쯤 울먹거리고 있는 내 얼굴을 번갈아 보고 계시더니, 나에게, "그게 정말이니?"라고 물으셨습니다. 정말이긴 하지만 내가 그런 나쁜 아이라는 것이 어떻게든 내가 좋아하는 선생님께 알려지는 것이 괴로웠습니다. 그래서 나는 대답하는 대신에 정말로 울어버리고 말았습니다.

선생님은 잠시 동안 나를 지켜보고 계시더니, 이윽고 아이들을 향해 조용히,

p.65 "이제 돌아가도 좋아요."
라며 모두를 돌려보내셨습니다. 아이들은 조금 아쉬운 듯이 우르르 아래로 내려가 버렸습니다.

선생님은 잠깐 동안 아무 말도 하지 않고 내 쪽도 보지 않은 채 자기 손톱만 바라보고 있었습니다만, 곧 조용히 일어나 걸어와서는 내 어깨를 꽉 껴안듯이 하며,

"그림물감은 이제 돌려줬니?"
라고 조그만 소리로 말씀하셨습니다. 나는 돌려준 것을 확실히 선생님께 알려 드리고 싶어서 힘껏 고개를 끄덕여 보였습니다.

"너는 자신이 한 일을 나쁜 일이었다고 생각하니?"

선생님이 다시 한 번 그렇게 조용히 말씀하셨을 때는 나는 더 이상 참을 수가 없었습니다. 부들부들 떨려서 어떻게 할 수 없는 입술을

p.66 꽉 깨물고 또 깨물어도 울음소리가 새어 나오고, 눈에서는 눈물이 하염없이 흘러나옵니다. 이제 선생님에게 안긴 채 죽어 버리고 싶은 심정이 되고 말았습니다.

"넌 이제 그만 울어라. 잘 알았다면 그것으로 됐으니까 울음을 그치자, 알았지? 다음 시간에는 교실에 오지 않아도 좋으니까 이 방에 있거라. 조용히 여기에 있으렴. 내가 교실에서 돌아올 때까지 여기에 있어. 알았지?"

라고 말씀하시며 나를 긴 의자에 앉히고, 그때 또 수업 시작 종이 울렸기 때문에 책상 위에 있는 책을 집어 들고 내 쪽을 보시더니, 2층 창문까지 높이 뻗어오른 포도 덩굴에서 서양 포도 한 송이를 따서 훌쩍훌쩍 울고만 있던 내 무릎 위에 포도를 놓고서 조용히 방을 나가셨습니다.

p.68

3

한때 왁자지껄 시끄럽던 학생들은 모두 교실로 들어가 갑자기 정적이 감돌 만큼 주위가 조용해졌습니다. 나는 너무 외로워서 견딜 수 없을 만큼 슬퍼졌습니다. 그렇게 좋아하는 선생님을 고통스럽게 했다고 생각하니 나는 정말로 나쁜 짓을 저지르고 말았다는 생각이 들었습니다. 포도는 도저히 먹을 마음이 생기지 않아 계속해서 울고만 있었습니다.

갑자기 나는 누군가 내 어깨를 가볍게 흔들어 눈을 떴습니다. 나는 선생님 방에서 어느 사이엔가 울다 잠이 들었던 모양입니다. 조금 마르고 키가 큰 선생님은 웃는 얼굴로 나를 내려다보고 계셨습니다. 나는 잠을 잔 덕분에 기분이 좋아져서 지금까지 있었던

p.69 일은 잊어 버리고 조금 부끄러운 듯 따라 웃으며 황급히 무릎 위에서 미끄러져 떨어질 것 같은 포도송이를 집어 올렸습니다만, 바로 슬픈 일이 떠올라 웃음이고 뭐고 쏙 들어가고 말았습니다.

"그렇게 슬픈 얼굴을 하지 않아도 돼. 이제 모두 집으로 돌아갔으니까 너도 돌아가거라. 그리고 내일은 어떤 일이 있어도 학교에 와야 된다. 네 얼굴을 못 보면 나는 슬플 거야. 꼭 와야 한다."

p.70 그렇게 말하며 선생님은 내 가방 속에 살짝 포도송이를 넣어 주셨습니다. 나

는 평소처럼 해안가 큰길을 따라 바다를 바라보거나 배를 바라보거나 하면서 재미없이 집으로 돌아왔습니다. 그리고 포도를 맛있게 먹어 치웠습니다.

그렇지만 다음 날이 되자 나는 좀처럼 학교에 갈 마음이 생기지 않았습니다. 배가 아프면 좋겠다고 생각하거나, 두통이 있으면 좋겠다고 생각하기도 했지만, 그날따라 충치 하나 아프지도 않는 겁니다. 어쩔 수 없이 마지못해 집은 나왔습니다만, 생각하면서 어슬렁어슬렁 걸었습니다. 도저히 교문을 들어갈 수는 없을 것 같은 생각이 들었습니다.

p.71 그렇지만 선생님이 헤어질 때 하셨던 말을 떠올리자, 나는 선생님 얼굴만큼은 무슨 일이 있어도 보고 싶어서 견딜 수가 없었습니다. 내가 가지 않는다면 선생님은 틀림없이 슬퍼하실 것이다. 한 번 더 나를 바라보는 선생님의 상냥한 눈을 보고 싶다. 오직 그 한 가지만으로 나는 교문을 들어섰습니다.

그랬더니 어떻게 된 일일까요? 우선 제일 먼저 애타게 기다리고 있었던 듯이 짐이 달려 나와 내 손을 잡아 주었습니다. 그리고 어제의 일 따위는 잊어버린 듯이 친절하게 내 손을 끌고 당황해 하는 나를 선생님 방으로 데리고 가는 것입니다. 나는 무슨 일인지 영문을 알 수 없었습니다. 학교에 가면 모두가 멀리서 나를 보고 "봐라, 도둑질에 거짓말쟁이 일본인이 왔다."라는 험담이라도 할 것으로 생각하고 있었는데, 이런 식으로 대접을 받으니 기분이 나쁠 정도였습니다.

p.72 우리 두 사람의 발소리를 알아차렸는지 선생님은 짐이 노크하기도 전에 문을 열어 주셨습니다. 우리는 방 안으로 들어갔습니다.

"짐, 너는 착한 아이구나, 내 말을 잘 이해해 주었구나. 짐은 이미 너한테 사과를 받지 않아도 좋다고 했단다. 두 사람이 지금부터 좋은 친구가 된다면 그것으로 된 거야. 두 사람 모두 멋지게 악수하렴."

하고 선생님은 싱글벙글 웃으며 우리들을 마주 보게 했습니다. 나는 그래도 너무 제멋대로인 것 같아서 머뭇거리고 있었더니, 짐은 기분 좋게 느려뜨려 있는 내 손을 잡아당겨 꽉 쥐어 주었습니다. 나는 더 이상 무슨 말로 이 기쁨을 표현하면 좋을지 알 수 없어서 그저 부끄럽게 웃을 수밖에 없었습니다. 짐도 기분이 좋은 듯 웃는 얼굴을 하고 있었습니다.

p.73 선생님은 싱글벙글 웃으면서 나에게,

"어제 포도는 맛있었니?"

라고 물으셨습니다. 나는 얼굴을 붉히며 "예"라고 자백하는 수밖에 달리 방법이 없었습니다.

"그렇다면 또 줘야겠구나."

그렇게 말하며 선생님은 새하얀 리넨 옷으로 감싼 몸을 창문 밖으로 쑥 내밀어 포도 한 송이를 비틀어 따서, 새하얀 왼손 위에 분이 오른 보랏빛 송이를 올려놓고 가늘고 긴 은색 가위로 한가운데에서 두 개로 뚝 잘라 짐과 나에게 주셨습니다. 새하얀 손바닥에 포개져 올려 있던 보랏빛 포도 알의 그 아름다움을 나는 지금도 선명하게 떠올릴 수가 있습니다.

p.75 나는 그때부터 이전보다는 조금 착한 아이가 되었고, 부끄럼쟁이에서 조금 벗어나게 된 것 같습니다.

그건 그렇다 하더라도 내가 아주 좋아하는 그 좋은 선생님은 어디로 가셨을까요? 이제 두번 다시는 만날 수 없다는 것을 알면서도 나는 지금도 그 선생님이 계셨으면 좋겠다는 생각을 합니다. 가을이 되면 포도송이는 늘 보랏빛으로 물들어 아름답게 분가루를 피웁니다만, 그 포도송이를 든 대리석 같은 하얗고 아름다운 손은 어디에서도 찾을 수 없습니다.

文鳥 문조

p.78 10월에 와세다로 옮긴다. 절간 같은 서재에서 오직 홀로 아무것도 하지 않고 천연덕스러운 얼굴로 턱을 괴고 있노라니, 미에키치가 와서 "새를 키워 보세요."라고 한다. "키워도 좋지."라고 대답했다. 그러나 확실히 할 요량으로 "뭐를 키우지?"하고 물었더니 "문조입니다."라는 대답이었다.

p.79 문조는 미에키치의 소설에도 나올 정도니까 분명 예쁜 새일 거라고 생각해, "그럼, 사다 주게."하고 부탁했다. 그런데 미에키치는 "꼭 키우세요."라고 똑같은 말을 되풀이한다. "그래, 사지, 살게."하고 역시 턱을 괸 채로 중얼중얼 말하는 중에 미에키치는 입을 다물어 버렸다. 아마 턱을 괴고 있는 모습에 짜증이 났을 것이라고 이때 비로소 알아차렸다.

그러자 3분 정도 지나서 이번에는 새장을 사라는 말을 꺼냈다. 그것도 좋다고 대답하자, 꼭 사라고 다짐하는 대신 새장에 대한 강론을 시작했다. 그 강론이 매우 복잡한 것이었는데 미안하게도 모두 잊어버리고 말았다.

p.80 다만 좋은 새장은 20엔 정도 한다는 대목에서 황급히 그렇게 비싼 것이 아니어도 좋을 것이라고 말해 두었다. 미에키치는 히죽히죽 웃고 있다.

그리고 나서 도대체 어디에서 사냐고 물어 보자, "뭐, 아무 새 장사에나 다 있어요."라고 실로 일반적인 대답을 했다. "새장은?"이라고 되묻자 "새장 말입니까? 새장은 그 뭡니까? 뭐, 어디엔간 있겠지요."라고 마치 뜬구름을 잡는 듯한 느긋한 소리를 한다. "그래도 이봐, 짐작 가는 데가 없으면 안 되지."라고 마치 기분 나쁜 듯한 얼굴을 해 보였더니, 미에키치는 뺨에 손을 대며 "확실히는 모르나, 코마고메에 새장 만드는 장인이 있다고 합니다만, 노인이라고 하니까 벌써 돌아가셨을지도 모르겠습니다."라고 해서 마음이 상당히 불안해지고 말았다.

p.81 어쨌든 말을 꺼낸 사람이 책임을 지는 것이 당연한 일이므로 당장 모든 일을 미에키치에게 부탁하기로 했다. 그러자 바로 돈을 내라고 한다. 돈은 틀림없이 냈다. 미에키치는 어디에서 샀는지 평직 견직물로 된 3단 접이식 지갑을 품속에 넣고 다니며, 남의 돈이든 자기 돈이든 남김없이 모두 이 지갑 속에 넣는 버릇이 있다. 나는 미에키치가 5엔짜리 지폐를 분명히 이 지갑 속으로 집어넣는 것을 목격했다.

이렇게 해서 돈은 분명히 미에키치의 손으로 들어갔다. 그런데 새와 새장은 쉽사리 사오지 않는다.

p.82 그사이에 가을이 초겨울로 바뀌었다. 미에키치는 자주 드나든다. 잘도 여자 이야기 등을 하고는 돌아간다. 문조와 새장에 관한 설명은 한 마디도 하지 않는다. 유리문을 통해 5자(약 1.5m) 정도의 툇마루에는 해가 잘 들어온다. 어차피 문조를 키울 거라면 이런 따뜻한 계절에 이 툇마루에 새장을 놓아 주면 문조도 틀림없이 지저귀기 좋을 것이라고 생각할 정도였다.

미에키치의 소설에 의하면 문조는 '치요치요'하고 운다고 한다. 그 울음소리가 꽤 마음에 들은 듯 미에키치는 치요치요를 몇 번이나 반복하고 있다. 혹은 치요라는 여자에게 반한 적이 있는지도 모른다. 하지만 본인은 일체 그런 말을 하지 않는다. 나도 물어보지 않는다. 다만 툇마루에 햇볕이 잘 든다. 그리고 문조는 울지 않는다.

p.83 그사이 서리가 내리기 시작했다. 나는 매일 절간 같은 서재에서 썰렁한 얼굴

을 점잖은 척해 보기도 하고, 일그러뜨려 보기도 하고, 턱을 괴었다가 말았다가 하면서 지내고 있었다. 문은 이중으로 꼭 닫아 두었다. 화로에 석탄만 넣고 있다. 문조에 대해서는 그만 잊어버렸다.

그런 참에 미에키치가 입구부터 기세 좋게 들어왔다. 초저녁 때였다. 추워서 화로 위로 상반신을 덮어 쬐며 침울한 얼굴을 일부러 붉게 달아오르게 하고 있었는데, 갑자기 분위기가 밝아졌다. 미에키치는 호류를 거느리고 왔다. 호류에게는 상당히 성가신 일이다. 두 사람이

p.84 새장을 하나씩 들고 있다. 게다가 미에키치가 커다란 상자를 형님이랍시고 뽐내듯이 안고 있다. 5엔짜리 지폐가 문조와 새장과 상자가 되어 돌아온 것은 이 초겨울 밤이었다.

미에키치는 태도가 아주 의기양양하다. "자, 보세요."라고 한다. "호류, 그 램프를 좀 더 이쪽으로 내밀어 봐."라는 말도 한다. 그런데도 추워서 코끝이 약간 보랏빛이 감돈다.

과연 훌륭한 새장이 만들어졌다. 받침대가 옻으로 칠해져 있다. 대나무는 가늘게 깎아 색칠해져 있다. 그것으로 3엔이라고 한다. "싸지, 호류?"라고 한다. 호류는 "응, 싸네."라고 대답한다. 나는 확실히 싼지 비싼지 모르지만, 그런대로 싸다고 말한다. "좋은 것은 20엔이나 한답니다."라고 한다. 20엔은 이것으로 두 번째이다. 20엔에 비해 싼 것은 물론이다.

p.85 "이 옻은 말이죠, 선생님, 양지바른 곳에 내놓아 햇빛을 쐬면 검은빛이 없어지고 점점 붉은색이 나오니까요. ——그리고 이 대나무는 한 번 잘 삶았으니 괜찮습니다."라고 계속 설명해 준다. "뭐가 괜찮은 건데?"라고 되묻자 "자, 새 좀 보세요, 예쁘지요?"라고 한다.

과연 예쁘다. 옆방에 새장을 놓고 4자(약 1.2m) 정도 떨어진 이쪽에서 보니 미동도 하지 않는다. 어스레한 속에서 새하얗게 보인다. 새장 속에 웅크리고 있지 않으면 새라고는 생각할 수 없을 만큼 하얗다. 어쩐지 추운 것 같다.

"춥겠지?"하고 물어 보았더니, 그래서 상자를 만들었다고 한다. 밤이 되면 이 상자 속에 넣어 준다고 한다. 새장이 두 개인 것은 어째서냐고 묻자, 이 허름한 쪽에 넣어서

p.87 가끔 목욕을 시킨다고 한다. 이건 좀 귀찮겠다는 생각을 하고 있었더니, "그리고 똥을 싸서 새장을 더럽힐 테니까 가끔 청소를 해 주세요."라고 덧붙였다. 미에키

치는 문조를 위해서는 상당히 강경하다.

지시하는 것을 "네네"하고 흔쾌히 받아들이자, 이번에는 미에키치가 소맷자락에서 좁쌀을 한 봉지 꺼냈다. "이것을 매일 아침 먹여야 합니다. 만약 모이를 갈아 주지 않으려면 모이통을 꺼내서 껍질만 불어 주세요. 그렇게 하지 않으면 문조가 좁쌀 알갱이를 하나하나 골라내야만 하니까요. 물도 매일 아침 갈아 주세요. 선생님은 늦잠을 자니까 마침 잘 됐네요."라고 문조에게 상당히 정성을 다하고 있다.

p.88 그래서 나도 좋다고 모든 것을 수락했다. 그러고 있는 참에 호류가 소맷자락에서 모이통과 물통을 꺼내어 정중하게 내 앞에 늘어놓았다. 이렇게 모든 것을 완전히 갖추어 놓고 실행하기를 재촉받으니 체면상으로라도 문조를 보살피지 않으면 안 되게 되었다. 속으로는 상당히 불안했지만 우선 해 보자는 데까지는 결심했다. 만약 못하면 집안 고용인들이 어떻게든 할 것이라고 생각했다.

미에키치는 곧 새장을 정성껏 상자 속에 넣어 툇마루 쪽으로 들고 나가, "여기에 놓을 테니까요."라는 말을 하고 집으로 돌아갔다. 나는 절간 같은 서재 한가운데에 썰렁하게 이부자리를 펴고 움츠리며 누웠다. 생각지도 못하게 문조를 떠맡은 기분은 조금 을씨년스러웠지만 잠들고 보니 평소 때 밤과 마찬가지로 평온하다.

p.89 이튿날 아침 눈을 뜨니 유리문에 해가 비치고 있다. 갑자기 문조에게 먹이를 줘야 한다는 생각이 들었다. 하지만 일어나는 것이 귀찮았다. '지금 줘야지, 지금 줘야지'라고 생각하는 사이에 결국 8시가 지났다. 어쩔 수 없으니 세수하러 가는 김에 차가운 툇마루를 맨발로 밟으면서 상자 뚜껑을 열고 새장을 밝은 곳으로 꺼냈다. 문조는 눈을 깜박거리고 있다. 좀 더 일찍 일어나고 싶었을 것이라고 생각하니 미안한 마음이 들었다.

p.90 문조의 눈은 새까맣다. 눈꺼풀 주위에 가느다란 연분홍빛 비단실을 꿰매 붙인 것 같은 힘줄이 들어 있다. 눈을 깜박거릴 때마다 비단실이 급히 모여 한 줄이 된다. 그런가 했더니 다시 동그랗게 된다. 새장을 상자에서 꺼내자마자 문조는 하얀 목을 살짝 갸웃거리면서 그 검은 눈을 움직여 처음으로 내 얼굴을 보았다. 그리고 치치 하고 울었다.

p.91 나는 조용히 새장을 상자 위에 놓았다. 문조는 휙 하고 홰에서 벗어났다. 그리고 다시 홰에 올라앉았다. 홰는 두 개이다. 검은빛이 감도는 청매를 적당한 거리에

다리로 걸쳐 옆으로 나란히 늘어놓았다.
그중 하나를 가볍게 밟은 다리를 보니 너무나 갸날프게 생겼다. 가늘고 긴 연한 담홍빛 다리 끝에 진주를 깎아 놓은 듯한 발톱이 달려 있는데, 적당한 크기의 홰를 능숙하게 감싸고 있다. 그러자 휙 하고 눈앞에서 문조가 움직였다. 문조는 이미 홰 위에서 방향을 바꾼 것이다. 자꾸 목을 좌우로 기울인다. 기울인 목을 갑자기 바로잡아 앞으로 약간 뻗었는가 했더니 흰 날개가 다시 휙 움직였다. 문조의 다리는 맞은편 홰의 한가운데쯤에 보기 좋게 내려앉았다. 치치 하고 운다. 그리고 멀리서 내 얼굴을 들여다보았다.

p.92 나는 세수를 하러 욕실로 갔다. 돌아오는 길에 부엌에 들러 찬장을 열고 엊저녁에 미에키치가 사다 준 좁쌀 봉지를 꺼내어 모이통 속에 모이를 넣고, 다른 하나에는 물을 가득 담아 다시 서재 쪽 툇마루로 나왔다.

미에키치는 용의주도한 남자라서 엊저녁에 자세하게 모이를 줄 때의 요령에 대해 설명하고 갔다. 그 설명에 의하면 '무턱대고 새장 문을 열면 문조가 도망가 버린다. 그러니까 오른손으로 새장 문을 열면서 왼손을 그 밑에 대어 바깥에서 출구를 막듯이 하지 않으면 위험하다. 모이통을 꺼낼 때도 같은 요령으로 해야 한다'라고 그 손 모양까지 만들어 보여 주었는데, 이렇게 양손을 사용해서 모이통을 어떻게 새장 안으로 넣을 수 있는지 그만 물어봐 두지 않았다.

나는 어쩔 수 없이 모이통을 든 채, 손등으로 새장 문을 살살 위로 밀어올렸다. 동시에 왼손으로 열린 문의 입구를 곧바로 막았다.

p.93 새는 잠깐 뒤를 돌아보았다. 그리고 치치 하고 울었다. 나는 출구를 막은 왼손을 어떻게 해야 할지 난감했다. 사람의 빈틈을 봐서 도망갈 것 같은 새로도 보이지 않았기 때문에 왠지 불쌍해졌다. 미에키치는 안 좋은 것을 가르쳐 주었다.

커다란 손을 천천히 새장 안으로 집어넣었다. 그러자 문조는 갑자기 날개를 퍼덕이기 시작했다. 가늘게 깎은 대나무 마디에서 따뜻하고 복슬복슬한 털이 하얗게 날아갈 만큼 날개를 퍼덕였다. 나는 갑자기 나의 커다란 손이 싫어졌다. 좁쌀통과 물통을 간신히 홰 사이에 놓자마자 손을 빼냈다. 새장 문은 탁 하고 저절로 닫혔다. 문조는 홰 위로 돌아왔다. 하얀 목을 반쯤 옆으로 돌려 새장 밖에 있는 나를 올려다보았다. 그리고 구부린 목을 반듯하게 꼿꼿이 세우고 나서 다리 밑에 있는 좁쌀과 물을 바라보았다. 나는 식사를 하러 거실로 갔다.

p.94 그때는 일과로 소설을 쓰고 있던 시절이었다. 식사 때 말고는 대개 책상에 앉

아 펜을 쥐고 있었다. 조용할 때는 나 자신이 종이 위를 달리는 펜 소리를 들을 수가 있었다. 절간 같은 서재에는 아무도 들어오지 않는 것이 습관이었다. 펜 움직이는 소리에 쓸쓸함의 의미를 절실히 느낀 아침도 낮도 밤도 있었다. 하지만 가끔은 이 펜 소리가 딱 멈추는, 또 멈추지 않으면 안 되는 때도 꽤 있었다. 그때는 손가락 사이에 펜을 끼운 채, 손바닥으로 턱을 받치고 유리문 너머로 바람이 거칠게 불어대는 뜰을 바라보는 것이 버릇이었다. 그것이 끝나면 손에 올려 놓은 턱을 일단 쥐어 본다. 그런데도 펜과 종이가 하나가 되지 않을 때는 쥔 턱을 손가락 두 개로 잡아당겨 본다. 그러자 툇마루에서 갑자기 문조가 '치요치요'하고 두 번 울었다.

p.95 펜을 내려놓고 살짝 나가 보았더니, 문조는 내 쪽을 본 채, 홰 위에서 앞으로 넘어질 듯이 하얀 가슴을 쑥 내밀며 높은 소리로 '치요'하고 울었다. 미에키치가 들었다면 틀림없이 기뻐했을 텐데라는 생각이 들 만큼 아름다운 목소리로 '치요'하고 울었다. 미에키치는 "곧 사람을 따르면 '치요'하고 울 겁니다, 틀림없이 웁니다."라고 장담하면서 돌아갔다.

나는 다시 새장 옆에 쭈그리고 앉았다. 문조는 불룩해진 목을 두세 번 위아래 양 옆으로 방향을 바꿔 돌렸다. 마침내 한 덩어리의 하얀 몸이 훌쩍 홰 위를 빠져나갔다. 그런가 했더니 예쁜 발톱이 반쯤 모이통 가장자리 뒤쪽으로 나왔다. 새끼발가락을 올려놓아도 금방 뒤집힐 것 같은 모이통은 범종처럼 조용하다. 역시나 문조는 가벼운 새다. 어쩐지 자국눈의 정령과 같은 기분이 들었다.

p.96 문조는 갑자기 부리를 모이통 한가운데로 집어넣었다. 그리고 두세 번 좌우로 흔들었다. 아주 고르게 넣어 둔 좁쌀이 주르르 새장 바닥으로 넘쳐흘렀다. 문조는 부리를 들어 올렸다. 목 근처에서 희미한 소리가 난다. 또 부리를 좁쌀 한가운데로 떨어뜨린다. 또 희미한 소리가 난다. 그 소리가 재미있다. 가만히 듣고 있자니 둥글고 미묘한 데다가 매우 빠르다. 제비꽃만 한 작은 사람이 황금망치로 마노로 된 바둑돌이라도 계속해서 두드리고 있는 것 같은 기분이 든다.

부리의 색깔을 보니 보랏빛을 연하게 섞은 선홍색 같다. 그 선홍색이 차츰 옅어져 좁쌀을 쪼아대는 뾰족한 부리 부분은 하얗다. 반투명한 상아 같은 흰색이다. 이 부리가 좁쌀 속으로 매우 빠르게 들어간다. 좌우로 흩어지는 좁쌀 알맹이도 매우 가벼워 보인다. 문조는 금방이라도 몸을 거꾸로 뒤집을 듯이 뾰족한 부리를 노란 좁쌀 알맹이 속으로 찔러 넣고서는

p.97 불룩해진 목을 서슴없이 좌우로 흔든다. 새장 바닥으로 떨어져 흩어지는 좁쌀 수가 몇 알인지 모르겠다. 그런데도 모이통만큼은 여전히 끄떡없다. 무거운 것이다. 모이통의 직경은 한 치 닷 푼(약 5cm) 정도일 것이다.

나는 살며시 서재로 돌아와서 쓸쓸하게 종이 위에 펜을 놀리고 있었다. 툇마루에서는 문조가 '치치'하고 운다. 가끔은 '치요치요'라고도 운다. 바깥에서는 초겨울의 찬바람이 불고 있었다.

저녁에는 문조가 물을 먹는 것을 보았다. 가는 다리를 물통 가장자리에 걸치고 조그만 부리로 뜬 물 한 방울을 소중하다는 듯이 고개를 뒤로 젖혀 삼키고 있다. 이 분량이라면 한 잔의 물이 열흘 정도 갈 것이라고 생각하면서 다시 서재로 돌아왔다. 밤에는 상자에 넣어 주었다. 잠자리에 들 때 유리문으로 바깥을 내다보았더니, 달이 떠 있고 서리가 내려 있었다. 문조는 상자 안에서 딸그락 소리 하나 내지 않았다.

p.98 다음 날도 또 미안하게 늦게 일어나, 상자에서 새장을 꺼내 준 것은 역시 8시가 지나서였다. 상자 안에서는 벌써부터 잠이 깨어 있었을 것이다. 그래도 문조는 전혀 불만스런 표정도 짓지 않았다. 새장이 밝은 곳으로 나오자마자 갑자기 눈을 깜박이며 목을 약간 움츠리고 내 얼굴을 보았다.

예전에 아름다운 여인을 알고 있었다. 이 여자가 책상에 기대어 뭔가 생각하고 있을 때, 뒤에서 슬쩍 다가가 보랏빛 허리끈의 끝에 달린 술을 길게 늘어뜨려, 목덜미의 가느다란 부분을 위에서 이리저리 간지럽혔더니 여자는 나른한 듯이 뒤를 돌아보았다. 그때 여자는 눈썹을 약간 8자 모양으로 찡그리고 있었다. 그러나 눈꼬리와 입가에는 웃음이 깃들어 있었다. 그와 동시에 예쁜 목을 어깨까지 움츠리고 있었다. 문조가 나를 보았을 때, 나는 문득 이 여인을 떠올렸다.

p.99 이 여인은 지금 시집을 갔다. 내가 보랏빛 허리끈으로 장난을 친 것은 혼담이 정해진 2, 3일 후의 일이다.

모이통에는 좁쌀이 아직 8할 정도 들어 있다. 하지만 껍질도 꽤 섞여 있었다. 물통에는 물 위에 좁쌀 껍질이 가득 떠 있어서 몹시 지저분했다. 갈아 주지 않으면 안 되겠다. 또다시 커다란 손을 새장 속으로 넣었다. 매우 조심하면서 넣었는데도 문조는 흰 날개를 퍼덕이며 소란을 피웠다. 조그마한 깃털 하나가 빠져도 나는 문조에게 미안한 마음이 들었다. 껍질은 깨끗하게 불어 주었다. 불어서 날린 껍질은 초겨울의 찬바람이 어딘가로 가져갔다. 물도 갈아 주었다. 수돗물이라서 굉장히 차갑다. 그날은 하루 종일 쓸쓸한 펜 소리를 들으며 보냈다. 그 사이에 가끔씩 '치요치요'하고 우는 소리도 들려왔다.

p.100 아닐까 하는 생각이 들었다. 하지만 툇마루로 나가 보니 두 개의 홰 사이에서 이쪽으로 날아가기도 하고 저쪽으로 날아가기도 하면서 끊임없이 왔다 갔다 하고 있다. 조금도 불만스러운 모습은 없었다.

밤에는 상자에 넣었다. 다음 날 아침 눈을 뜨니 바깥에 하얀 서리가 내려 있었다. 문조도 잠에서 깨어났을 것 같지만 좀처럼 일어날 마음이 생기지 않는다. 머리맡에 있는 신문을 손으로 집는 것조차 귀찮다. 그래도 담배는 한 대 피웠다. 이 한 대를 다 피우면 일어나 새장에서 꺼내 줘야지 하고 생각하면서 입에서 뿜어 나오는 연기가 날아가는 방향을 바라보고 있었다. 그러자 이 연기 속에 목을 움츠린, 눈을 가늘게 뜬, 게다가 약간 눈썹을 찡그린 예전의 여인 얼굴이 잠깐 보였다. 나는 이부자리 위에 일어나 앉았다. 잠옷 위에 하오리를 걸치고 바로 툇마루로 나갔다. 그리고 상자 뚜껑을 열어 문조를 꺼냈다. 문조는 상자에서 나오면서 '치요치요'하고 두 번 울었다.

p.101 미에키치의 설명에 의하면, 문조는 길들여질수록 사람의 얼굴을 보고 울게 된다고 한다. 실제로 미에키치가 키우던 문조는 미에키치가 옆에 있기만 하면 끊임없이 치요치요'하고 울었다고 한다. 뿐만 아니라 미에키치의 손가락 끝에 올려진 모이를 먹는다고 한다. 나도 언젠가 손가락 끝으로 모이를 줘 보고 싶다는 생각을 했다.

다음 날 아침 또 게으름을 피웠다. 예전의 여자 얼굴도 결국 떠오르지 않았다. 세수를 하고 식사를 마치고 나서야 비로소 생각난 듯이 툇마루로 나가 보니, 어느새 새장이 상자 위에 올려져 있다. 문조는 벌써 홰 위를 재미있다는 듯이 이쪽저쪽으로 옮겨 날아다니고 있다. 그리고 가끔은 목을 길게 빼고 새장 밖을 아래쪽에서 내다보고 있다. 그 모습이 무척 천진난만하다. 예전에 보랏빛 허리띠로 장난을 쳤던 여자는 목덜미가 길고 키가 늘씬했는데 약간 고개를 기울여 사람을 보는 버릇이 있었다.

좁쌀은 아직 있다. 물도 아직 있다. 문조는 만족하고 있다. 나는 좁쌀도 물도 갈지 않고 서재로 들어왔다.

p.102 점심이 지나 다시 툇마루로 나갔다. 식후 운동을 겸해서 5, 6간(약 10m) 정도 되는 바깥 툇마루를 걸으면서 책을 읽을 생각이었다. 그런데 나와 보니 좁쌀이 벌써 7할 정도 없어졌다. 물도 아주 지저분했다. 책을 툇마루에 내던져 두고 서둘러 모이와 물을 갈아 주었다.

다음 날도 또 늦게 일어났다. 게다가 세수를 하고 밥을 먹을 때까지는 툇마루를 내다보지 않았다. 서재로 돌아오고 나서 어쩌면 어제처럼 고용인이 새장을 꺼내 놓지는 않았을까 하고 잠깐 툇마루에 얼굴만 내밀어 보았더니 역시나 꺼내져 있었다. 게다가 모이도 물도 새로 갈아 놓았다. 나는 겨우 안심하고서 목을 서재로 당겼다. 바로 그때 문조가 치요치요 하고 울었다. 그래서 끌어당겼던 목을 다시 내밀어 보았다. 하지만 문조는 다시 울지 않았다. 의아스러운 표정을 지으며 유리문 너머로 뜰에 내린 서리를 바라보고 있었다. 나는 결국 책상 앞으로 돌아와 앉았다.

p.103 서재 안에서는 여전히 펜 소리가 삭삭 들린다. 쓰기 시작한 소설은 상당히 진척되었다. 손가락 끝이 시리다. 오늘 아침 화로에 묻은 사쿠라숯은 하얘지고, 삼발이에 올려놓은 쇠주전자가 거의 식어 있다. 숯그릇은 텅 비어 있다. 손을 두드렸지만 여간해서는 부엌까지 들리지 않는 모양이다. 일어서서 문을 열자, 문조는 평소와 달리 홰 위에 얌전히 앉아 있다. 자세히 보니 다리가 하나밖에 없다. 나는 숯그릇을 툇마루에 놓고 몸을 구부려 위쪽에서 새장 안을 들여다보았다. 아무리 살펴봐도 다리는 하나밖에 없다. 문조는 이 매력적이고 날씬한, 가냘픈 한쪽 다리에 온몸을 의지하며 묵묵히 새장 안에 얌전히 앉아 있다.

나는 신기했다. 문조에 대한 모든 것을 설명했던 미에키치도 이것만큼은 빠뜨린 것 같다. 내가 숯그릇에 숯을 담아 돌아왔을 때 문조의 다리는 아직도 하나였다. 한참 동안 추운 툇마루에 서서 바라보고 있었지만, 문조는 움직일 기색조차 없다. 소리를 내지 않고

p.105 바라보고 있었더니, 문조는 동그란 눈을 점점 가늘게 뜨기 시작했다. 아마도 졸린 것이라고 생각하여 조용히 서재로 들어가려고 발을 한 걸음 옮기자마자 문조는 다시 눈을 떴다. 동시에 새하얀 가슴속에서 가냘픈 다리 하나를 내밀었다. 나는 문을 닫고 화로에 숯을 더 넣었다.

소설은 점점 바빠진다. 아침에는 여전히 늦잠을 잔다. 한 번 고용인이 문조를 보살펴 준 후로 어쩐지 나의 책임이 가벼워진 것 같은 기분이 든다. 고용인이 잊어버릴 때는 내가 모이를 주고 물을 준다. 새장을 꺼내고 넣는 것을 한다. 하지 않을 때는 고용인을 불러 시킨 적도 있다. 나는 그저 문조의 목소리를 듣는 것만이 역할인 것처럼 되었다.

그래도 툇마루로 나갈 때는 반드시 새장 앞에 멈춰 서서 문조의 모습을 살폈다. 대개는 좁은 새장을 싫어하지도 않고, 두 개의 홰를 만족스럽게 왕복하고 있었다. 날씨가 좋을 때는 엷은 햇살을

p.106 유리문 너머로 쬐면서 끊임없이 울어댔다. 하지만 미에키치가 말했던 것처럼 특별히 내 얼굴을 보고 울 기색은 전혀 없었다.

내 손가락에 놓인 모이를 직접 먹는 일 따위는 물론 없었다. 가끔씩 기분이 좋을 때에는 빵가루 등을 집게손가락 끝에 묻혀서 대나무 사이로 살짝 내밀어 볼 때가 있지만 문조는 결코 다가오지 않는다. 조금 조심성 없이 쑥 들이밀어 보았더니, 문조는 두꺼운 손가락에 놀라 흰 날개를 퍼덕거리며 새장 안을 떠들썩하게 돌아다닐 뿐이었다. 두세 번 시도해 본 다음, 나는 미안한 마음이 들어 이 짓만큼은 영원히 단념해 버렸다. 지금 세상에 이런 일이 가능한 자가 있을지 어떨지 매우 의심스럽다. 아마 고대 성인이 하던 일일 것이다. 미에키치가 거짓말을 했음에 틀림없다.

p.107 어느 날의 일로, 평소처럼 서재에서 펜 소리를 내며 쓸쓸한 일을 쭉 써 내려가고 있는데 문득 이상한 소리가 귀에 들어왔다. 툇마루에서 사각사각, 사각사각 하는 소리가 난다. 여자가 긴 옷자락을 가지런히 하고 있는 소리처럼도 들렸지만, 보통의 여자들이 내는 소리치고는 너무나도 과장되었다. 진열단을 걷고 있는 왕과 왕후 히나인형 한 쌍이 입고 있는 하카마의 주름이 스치는 소리라고도 형용하면 좋을 것이라고 생각했다. 나는 한창 쓰고 있었던 소설을 제쳐두고 펜을 든 채 툇마루로 나가 보았다. 그러자 문조가 몸을 씻고 있었다.

물은 마침 막 갈은 것이었다. 문조는 물통 한가운데에 가벼운 발을 넣어 가슴털까지 담그고 가끔씩은 흰 날개를 좌우로 펼치면서 물통 속에 약간 웅크리고 앉듯이 배를 계속 내리누르면서

p.108 온몸의 털을 한꺼번에 턴다. 그리고 물통 가장자리로 휙 날아오른다. 잠시 있다가 다시 뛰어든다. 물통의 직경은 한 치 오 푼(약 5cm) 정도에 불과하다. 뛰어들었을 때는 꼬리도 다 못 들어가고, 머리도 다 못 들어가고, 등도 물론 다 못 들어간다. 물에 잠기는 것은 다리와 가슴뿐이다. 그래도 문조는 아주 기쁜 듯이 목욕을 하고 있다.

나는 서둘러 바꿔 줄 새장을 가져왔다. 그리고 문조를 이쪽 새장으로 옮겼다. 그리고 나서 물뿌리개를 들고 욕실로 가서 수도물을 길어 새장 위에서부터 쏴아쏴아 뿌려주었다. 물뿌리개의 물이 다 떨어질 즈음에는 흰 날개에서 떨어지는 물이 구슬이 되어 굴러내렸다. 문조는 끊임없이 눈을 깜박거리고 있었다.

예전에 보랏빛 허리띠로 장난을 쳤던 여자가 방에서 일을 하고 있을 때, 뒤채 2층에서 손거울로 여자의 얼굴에 봄햇살을 반사시키며 즐거워했던 적이 있다. 여자는 살짝

붉어진 빰을 들어 가느다란 손으로 이마 앞을 가리며 신기한 듯이 눈을 깜박거렸다. 이 여자와 이 문조는 아마 같은 기분일 것이다.

p.109 날이 갈수록 문조는 잘 지저귄다. 그러나 자주 잊게 된다. 어떤 때는 모이통에 좁쌀 껍질만으로 쌓여 있었던 적이 있다. 어떤 때는 새장 바닥이 똥으로 가득 차 있었던 적이 있다. 어느 날 밤 회식이 있어서 늦게 돌아왔더니 겨울 달빛이 유리문 너머로 비쳐 들어와 넓은 툇마루가 희미하게 밝아 보이는 가운데 새장이 조용히 상자 위에 올려져 있었다. 그 구석에 문조의 몸이 희끄무레해서 붕 뜬 채 홰 위에 있는지 없는지 분간하기 어려웠다. 나는 외투를 벗어 놓고 곧바로 새장을 상자 속에 넣어 주었다.

이튿날 문조는 평소와 같이 활기차게 지저귀었다. 그 후로는 가끔씩 추운 밤에도 상자에 넣어 주는 것을 잊어버리는 일이 있었다. 어느 날 밤 평소와 마찬가지로 서재에서 열심히 펜 소리를 듣고 있자니, 갑자기 툇마루 쪽에서 쿵 하고 물건이 넘어지는 소리가 났다. 하지만 나는 일어서지 않았다. 여전히 급한 소설을 쓰고 있었다. 일부러

p.110 일어나서 나갔다가 아무 일도 아니면 억울하니까, 신경이 쓰이지 않는 것은 아니었지만 역시 조금 귀를 기울인 채 모르는 척 시치미를 떼고 있었다. 그날 밤 잠자리에 든 것은 12시가 지나서였다. 화장실에 간 김에 걱정이 되어 확인하기 위해 일단 툇마루로 돌아가 보니 ——

새장이 상자 위에서 떨어져 있다. 게다가 옆으로 넘어져 있다. 물통도 모이통도 뒤집어져 있다. 좁쌀은 툇마루에 온통 흩뿌려져 있다. 홰는 빠져 나와 있다. 문조는 꼼짝도 하지 않고 새장 살에 매달려 있었다. 나는 내일부터 맹세코 이 툇마루에 고양이를 들여놓지 않겠다고 결심했다.

다음 날 문조는 울지 않았다. 좁쌀을 수북이 넣어 주었다. 물도 흘러넘칠 정도로도 넣어 주었다. 문조는 한 쪽 다리인 상태로 한참 동안 홰 위에서 움직이지 않았다. 점심을 먹고 나서 미에키치에게 편지를 쓰려고 두세 줄 쓰기 시작하자 문조가 '치치'하고 울었다. 나는

p.112 편지를 쓰던 붓을 멈췄다. 문조가 다시 '치치'하고 울었다. 나가 보니 좁쌀도 물도 꽤 줄어 있었다. 편지는 쓰는 것을 그만두고 찢어서 버렸다.

이튿날 문조가 또 울지 않았다. 홰에서 내려와 새장 바닥에 배를 눌러 붙이고 있었다. 가슴 부분이 약간 불룩해져서 작은 털들이 잔물결처럼 흐트러져 보였다. 나는 이날 아침에 미에키치로부터 전부터 얘기했던 그 일로 모처까지 와 달라는 편지를 받았다. 10

시까지라는 부탁이 있었기 때문에 문조를 그대로 두고 외출했다. 미에키치를 만나 보니 그 일이 이것저것 길어져 함께 점심을 먹는다. 함께 저녁도 먹는다. 게다가 내일 있을 모임까지 약속한 다음 집으로 돌아왔다. 돌아온 것은 밤 9시쯤이다. 문조는 완전히 잊어버리고 있었다. 피곤했기 때문에 바로 잠자리에 들어가 자 버렸다.

p.113 다음 날 잠이 깨자마자 바로 예의 그 일을 떠올렸다. 아무리 당사자가 승낙했다고 해도 그런 곳으로 시집을 보내는 것은 장래 좋지 않을 것이다.
아직 어린아이니까 어디든지 가라고 하는 곳으로 갈 마음이겠지. 일단 가면 무턱대고 나올 수 있는 것이 아니다. 세상에는 만족하면서도 불행 속으로 빠져드는 자가 많이 있다. 이런 생각을 하면서 아침식사를 마치고 이를 쑤시며 다시 예의 그 일을 마무리하러 외출했다.

돌아온 것은 오후 3시쯤이다. 현관에 외투를 걸어 놓고 복도를 따라 서재에 들어갈 요량으로 그 툇마루로 나가 보았더니 새장이 상자 위에 꺼내져 있었다. 하지만 문조는 새장 바닥에 뒤집어져 있었다. 두 다리를 빳빳하게 모아 몸통과 직선으로 나란히 하고 있었다. 나는 새장 옆에 서서 물끄러미 문조를 지켜보았다. 검은 눈을 감고 있다. 눈꺼풀이 파르스름한 색으로 변해 있었다.

p.114 모이통에는 좁쌀 껍질만 쌓여 있다. 쪼아 먹을 만한 것은 한 알도 없다. 물통은 밑바닥이 반짝거릴 정도로 말라 있다. 서쪽으로 기운 해가 유리문으로 새어 들어와 비스듬하게 새장을 비추기 시작한다. 받침대에 칠한 옻은 미에키치가 말했던 것처럼 어느새 검은빛이 벗겨져 붉은색이 나와 있었다.

나는 겨울 햇빛으로 물든 붉은색의 받침대를 바라보았다. 텅 비어 있는 모이통을 바라보았다. 허무하게 다리로 건너지른 두 개의 홰를 바라보았다. 그리고 그 아래에 누운 딱딱한 문조를 바라보았다.

p.115 나는 몸을 굽혀 양손으로 새장을 감싸 안았다. 그리고 서재로 가지고 들어갔다. 다다미 10장짜리 방 한가운데에 새장을 내려놓고, 그 앞에 단정하게 무릎을 꿇고 앉아 새장 문을 열고 커다란 손을 넣어 문조를 쥐어 보았다. 부드러운 깃털은 아주 차갑게 식어 있다.

주먹 쥔 손을 새장에서 빼내 쥐었던 손을 펼치자 문조는 조용히 손바닥 위에 있다. 나는 손을 펼친 채 한참 동안 죽은 새를 지켜보고 있었다. 그리고 나서 살짝 방석 위에 내려놓았다. 그리고 격하게 손뼉을 쳤다.

16살 된 하녀가 "네!" 하고 문턱 가에 양손을 짚고 앉았다. 나는 불쑥 방석 위에 있는 문조를 집어 하녀 앞으로 내던졌다. 하녀는 고개를 숙이고 다다미를 응시한 채 아무 말도 하지 않는다. 나는 모이를 주지 않아서 결국 죽어 버렸다고 하면서 하녀의 얼굴을 노려보았다. 하녀는 그래도 아무 말도 하지 않는다.

p.116 나는 책상 쪽으로 몸을 돌렸다. 그리고 미에키치에게 엽서를 썼다. "집 식구들이 모이를 주지 않아서 문조는 결국 죽어 버렸네. 부탁도 하지 않는 것을 마음대로 새장에 가두고, 게다가 모이를 줄 의무조차 다하지 않은 것은 잔혹함의 극치네."라는 문구였다.

나는 "이 엽서를 우체통에 넣고 오너라, 그리고 그 새를 저쪽으로 가져가거라."하고 하녀에게 말했다. 하녀는 "어디로 가져갈까요?"라고 되물었다. "어디든지 마음대로 가져가."라고 고함을 질렀더니, 깜짝 놀라서 부엌 쪽으로 가져갔다.

잠시 후에 뒷뜰에서 아이가 "문조를 묻을 거야, 묻을 거야"라며 소란을 떤다. 정원 청소를 부탁한 정원사가, "아가씨! 이 부근이 좋겠지요?"라는 말을 한다. 나는 내키지 않으면서도 서재에서 펜을 움직이고 있었다.

p.117 이튿날은 왠지 머리가 무거워서 10시쯤이 되어서야 겨우 일어났다. 세수를 하면서 뒷뜰을 보았더니 어제 정원사의 목소리가 들렸던 부근에 조그만 팻말이 푸른 속새 한 포기와 나란히 세워져 있다. 높이는 속새보다도 훨씬 낮다. 정원용 게다를 신고 햇살에 반짝거리는 서리를 밟으며 다가가 보았더니, 팻말 앞면에는 '이 둑에 오르지 말 것'이라고 쓰여 있다. 딸 후데코의 필체이다.

오후에 미에키치로부터 답장이 왔다. '문조에게는 불쌍한 짓을 했습니다.'라고만 쓰여 있을 뿐, 집 식구들이 잘못했다고도 잔혹하다고도 일절 쓰여 있지 않았다.

마음에 깊은 감명을 남기는 문장, 꼭 기억해 두고 싶은 문장을 적어보세요.

다락원 일한 대역문고 – 고급8
근대명작단편소설선
近代名作短編小説選

지은이 芥川龍之介, 太宰治, 有島武郎, 夏目漱石
역 주 송현순
펴낸이 정규도
펴낸곳 (주)다락원

초판 1쇄 발행 2008년 6월 10일
초판 4쇄 발행 2022년 1월 14일

편집국장 김현자
책임편집 송화록, 임혜련
교정 정선영
디자인 이수민
일러스트 윈일러스트

경기도 파주시 문발로 211
Tel: (02)736-2031 Fax: (02)732-2037
(내용문의: 내선 460~465 / 구입문의: 내선 250~252)
출판등록 1977년 9월 16일 제406-2008-000007호

가격 12,000원(교재+오디오CD 2장)

ISBN 978-89-5995-392-9 18730 978-89-5995-296-0(set)